THE DEATH OF THE PAST

过去之死

〔英〕**J.H.普勒姆** 著　林国荣 译

J. H. Plumb

序 ················· 西蒙·沙玛 001

导言 ················· 尼尔·弗格森 001

前言 ························· 001

导论 ························· 001

第一章 过去的认同作用 ············ 007

第二章 作为宿命的过去 ············ 043

第三章 历史的角色 ·············· 077

译后记 "过去"与"现在"的永恒缠斗

··················· 林国荣 113

编后记 ····················· 137

索引 ······················ 139

序

西蒙·沙玛

当J.H.普勒姆宣布过去已经死亡之时，过去或许死了，或许没死，但不管怎么说，对于那些曾在二十世纪六十年代，在剑桥聆听过普勒姆的课程的人来说，普勒姆却是一直活着，令人难忘，也令人警醒。我们这些在1963年进入基督学院的学生，不管事前对史学家的形象有什么成见，但在杰克·普勒姆的办公室第一次见到这位历史学教授的时候——他个头不高，脑袋浑圆，秃顶，坐在一张宽大的扶手椅子上；身穿三套件的西装，相当整洁，深色的杰明街条文衬衣、蝴蝶结领带——所谓史学家粗花呢衣服、喝雪利酒的陈词滥调顿时烟消云散了。壁橱散射出明亮的光线，映照着翠鸟蓝和玫瑰红的塞夫勒瓷器。墙壁上都是荷兰的静物画和风俗画，比如一个瘦弱的、尖下巴的、留着迷人络腮胡子的年轻人；一个脸色蜡黄、满脸皱纹、神色忧郁的酒吧侍女；画面中，白葡萄酒同柠檬形成搭配。看不到一瓶雪利酒，飞卓葡萄酒倒是随处可见。普勒姆说话的时候，尤其是习惯性地发出咯咯笑声的时候，活生生一副"剑桥伏尔泰"的形象。这样一种令人目眩神迷的伊壁鸠鲁氛围，不免令门下的聪敏年轻人感到惊奇。不过，见识此番景象，是要付出相当代价的，这代价便是严厉且紧张的智识生存考验。

普勒姆喜好臧否人物，不留情面，这是出了名的；在和蔼、机敏的言辞中,一旦涉及古往今来人性的愚蠢,普勒姆都会放声大笑。他明确指出,人性之愚蠢在学术界是有说不完的素材的。普勒姆的脾性激荡着天生的戏谑、尖刻和欢愉。阵阵讽刺如狂风般从房间席卷而过,不幸的人纷纷中枪倒地,令人不免惊惧,自己会不会是下一个中枪的。略显散乱的眼神从镜片后面散射而出,随时都有可能令在场的任何一个人遭遇普勒姆式的问题,有可能只是一个玩笑,也可能是一场挑战。此番情境之下,窘迫地再三斟酌是不可能的,也不能有强作严肃的空间。任何人一旦有严肃对待宗教的嫌疑,就立刻会遭遇哲学上一连串的揶揄和讽刺,有时候会遇到难以应付的斗牛士般的挑战。不过,伤口基本上都是在紧张时刻,也就是小班历史讨论课时烙下的。一旦轮到我们宣布自己的论文时,我们的心就会一下子沉到谷底,生怕在宣读论文的过程中,坐在有着黄色坐垫的宽大扶手椅上的那个杰克会变得烦躁不安,那可不是好兆头。不过,一旦通过这一关的考验,赞扬之词也就纷至沓来,令已经接近眩晕状态的我们生出醍醐灌顶之感。不过,对一些学生来说,情况可不会有这么好。晚上六点的时候,可以看到大批的本科生(当时的基督学院简直可称为橄榄球学院)在一番惊惧之后,纷纷瘫倒在学院食堂。显然,跟普勒姆共同度过的一小时时光,已经令他们疲惫不堪了。他们靠着酒精缓解疲倦,后悔自己在墨洛温王朝的问题上犯下的错误(因为普勒姆很喜欢跨出自己的专业领域进行指导),并发誓再也不碰墨洛温了。

当然,历史还会延续。正如学生们所期望的,在普勒姆的课堂里,一开始是神奇的小班讨论课。他会花上半个小时的时间来剖析论文,从中提点一两个段落,就形式和内容展开剖析;像极为敏锐的编辑一样,调整文章的修辞结构,比如可以将第四段调整为开篇,令文章更有冲击力、说服力。最后,会分发红葡萄酒给学生们品尝,实在是来之不易,接着,普勒姆就开始将百科全书式的参考文献抖搂出来;其中有很多都是极为怪异的原始文献。我还记得,我曾尝试过一篇以新大陆之发现的文化影响为主题的论文,这篇文章令普勒姆大为震惊,因为他发现我竟然没有读过雷德克利夫·萨拉曼的《马铃薯的历史》,也没有读过戈德弗雷·阿特金森的《法国文艺复兴的新视野》,后面这部著作完全配得上作者那特异的声望,因为其中浓墨重彩地探讨了印第安人的裸体习俗对天主教改革神学的影响,借由此一长篇大论,触及了蒙田以及法国文艺复兴运动中的"七贤"。

普勒姆会在午饭之后组织讨论会,学生们将经历炼狱般的考验。上课的地方不是客厅,而是"O"形楼梯间另一侧的餐厅,也说明了讨论会的重要性。一张谢罗顿风格的桌子,桌面相当高,仅够学生们看到一张张痛苦的脸映在镜子般的桌面之上,一座高高的出自保罗·德·拉默的银质烛台伫立在桌子上。几只银碗里面摆满了水果,其中一个香蕉显得相当突兀。两瓶红葡萄酒就栖息在餐具柜里,等到学生宣读完论文,就会有红葡萄酒上桌伺候。大约是四十分钟的时间,罗伊·波特、乔弗雷·帕克、安德鲁·惠特克罗夫特、约翰·巴伯还有我,或口若悬河,或结结巴巴,在令人生畏的古老文献海洋当中,竭尽所能地引证材料,争取能够说服普勒姆。罗伊擅长开玩笑,而且他也是第一个笑出声的人(他讲的玩笑话都非常有趣)。乔弗雷·帕克则以无懈可击的高深研究来武装自己。沙玛则通常是通过堆积辞藻,并营造修辞氛围,来掩饰自己那薄弱的立论。但万变不离其宗，摇曳的烛光之中，每个人都很清楚情形是好还是不好。比如说，倘若普勒姆没有拨弄手中的橡皮圈，或者也没有将座椅转向侧面，同墙壁上罗伯特·沃尔波爵士那张傻笑的肖像画交流，那就肯定是好兆头。

论文宣读环节完毕之后，便进入讨论环节。红葡萄酒和水果便开始在桌子上传递（我和波特会用葡萄剪做一些奇奇怪怪的事情，当时在伦敦的中下阶层人家，这样的物件可并不多见）。讨论班上的外交心理氛围有点微妙，如果彼此间的批评非常激烈，可能会伤及彼此之间的友情；如果过于友好或者宽容，会招致普勒姆的不信任和取笑。因此，一般来说，我们都是照实直说。一轮讨论结束之时，杰克会给出自己的点评，此时，杰克不再是咄咄逼人的语气，他会对学生的研究以及对主题的把握不吝赞誉，即便在证据和分析方面提出疑问的时候也是如此，这样的问题往往会将整篇文章从里到外、从上到下翻查个遍。这个讨论班上发生过太多的事情，但有一点是我们都谨记在心的，那就是时刻保持用心且细致的态度，此一态度令我在三十多年的教学生涯中受益匪浅。

撇开此种普勒姆式的教学风格不谈，还有没有一种普勒姆式的历史哲学？此一历史哲学在那令人心旷神怡的教学时间浮现而出，同时也相当忠实地展现在《过去之死》这部作品当中。二十世纪六十年代中期，所有名副其实的历史学家似乎都有义务就历史是什么或者历史不是什么的问题说上几句，很多人便对E.H.卡尔的那本《历史是什么》展开回应，或者气愤地予以驳斥。无数的批评者（其中大多数是右翼）将卡尔的这部作品视为历史决定论的铁甲钢拳，只不过用虚假的怀疑主义这一天鹅绒拳套包裹起来而已。赫伯特·巴特菲尔德、G.R.埃尔顿（普勒姆的死对头），还有许多人据此展开了各自的史学方法论，不过，如此众多的职业史学者中，真正令人侧目的是他们那完全缺乏自我检省的用于征召信徒的言论。他们据以展开此类信仰表达的假设，在二十世纪六十年代是有着相当理据的。他们认为，学院派史学将仍然是人文学科和社会科学的主流学科；并认为，学院派史学的学术力度要胜过文学研究，同时，较之社会学或者经济学则要更富有想象力；毕竟，在二十世纪六十年代，学院派历史学的进展阶梯，从入门到本科生到研究生再到研究员，仍是在一片安宁中伸展开来的，不会受到诸如"时代精神"之类东西的暴力干扰。对埃尔顿来说，"谁在乎"的问题与其说是不恰当的，不如说是毫无可能的。说白了，问题并不在于历史学自身的理据何在，而在于制定一份严格的史学职业操作手册。

不过，极具入世倾向的普勒姆，对通俗历史写作以及时事评述有着特殊的偏爱，并且他也有这方面的本领，尤其是在美国，普勒姆是《视野》杂志的领袖人物。他认为，学院派历史学是绝无可能维系此种高枕无忧的境遇的。普勒姆相信，自陷于职业藩篱的历史学，势必会萎缩成贫乏的经院主义。我至今都还记得普勒姆借用了E.M.福斯特当年发出的问询（福斯特颇富创意地盗用了吉卜林的名言），提请人们反思一下"除了史学同行之外，对别人谁也不了解的那些历史学家""他们对历史究竟了解多少"。对普勒姆来说，历史要么是一项公共技艺，要么就什么都不是；正是依托此一信念，普勒姆一直都在给我们推荐相关的作品，其作者作为历史学家要么遭到学院派的排斥，要么就是主动淡出学院派史学的圈子,自行展开写作。伊利斯·奥利格的《普拉托的商人》、巴巴拉·塔克曼的《八月炮火》以及弗兰西斯·雅特斯关于新柏拉图主义者的作品(在二十世纪六十年代,这样的作品毫无疑问是离经叛道的),此类作品都是令人难以忘怀的。在那个时代,职业史学家们纷纷将文学至上主义的罪名扣在C.V.韦奇伍德的头上,并纷纷对之退避三舍,但普勒姆则将韦奇伍德迎进自己的讨论班,并亲自向我们介绍这位有着优雅的、非常内敛的心灵的史学家。

对于我们这些人来说,战线在基督学院便已经划定了,"我们"是百科全书式的、无所不包的,"他们"则是贫乏且狭隘的;对"我们"来说,历史是对人类境遇展开的探询,对"他们"来说,历史是英格兰主要制度(甚至都不将不列颠囊括在内)的演进史诗;对"我们"来说,历史涵括了文学元素和想象元素,但不会放弃证据材料;对"他们"来说,虚张声势的表述方式不过是用于掩盖自己拙于分析的遮盖布。普勒姆坚决认定史料是不可或缺的,不过,他并不崇拜史料。普勒姆坚持认为,档案材料以令人吃惊的方式造就出阿尔莱特·法尔吉以及皮埃尔·布迪厄这样的作家;但是,档案材料本身也是一种社会建制,其中蕴涵了人为创设的惯例以及意义指涉体系,人的因素和史料的因素都涵涉其中,实际上,档案材料和档案材料机制的创制者一样,都是特定文化的产物。对此,"可要擦亮眼睛了"!

那种认为历史学家的任务就是埋头考古发掘工作,在史料真相的岩层中挖掘,自我埋没的想法,普勒姆认为,与其说是一场历史学的职业骗局,不如说暴露了职业史学家缺乏批判性的自我意识,此一缺失令人惋惜。

　　历史是为世人而活着，而非为自己活着，这恰恰就是普勒姆内心恒久且坚决的意识；确切地说，在普勒姆看来，历史学是一项公民志业，而非修士职业，然而，恰恰就是此种意识，令普勒姆陷入种种矛盾当中，《过去之死》一书暴露了这其中的一些矛盾，还有一些矛盾，这部作品则是予以掩饰了的。这部作品要传达的核心信息在于：历史学，倘若真要成为一门批判性的学科，就必须成为"过去"的敌人。普勒姆所谓的"过去"意味着思想自由和行动自由恒久臣服于祖制的权威之下，此一观念实际上同时向读者指明了两种意向。一方面，历史是对人类社会的探查和研究，显然需要从职业史学家那里汲取营养、获得活力，这些职业史学家深深地浸润于年鉴学派，尤其是马克·布洛赫和费尔南·布罗代尔的方法论体系中。如果它要从依托过去之物建立起来的情感奴役纽带中挣脱出来，同时也从已然丧失了一切气息的史料矿场幽闭症中解脱出来，就有必要得到这些职业历史学家的助力。另一方面，职业历史学家提供的此类助力，却也完全无助于作为公众技艺的历史学的生存，除非新的职业主义能够转化为真正的民众写作。单从理论角度看，倒也没有理由认定这样一个小小的奇迹就一定不会发生，普勒姆精心构筑了那极富野心的多卷本《人类社会史》，其意图就在于此。然而，宣称要将这部野心勃勃的作品视为一种新的、真正意义上的通俗历史，那也只能说，普勒姆并未达成初衷，部分原因就在于尽管作品本身并非枯燥乏味，它也没有达到令人手不释卷的地步。实际上，这部多卷本作品，尽管设定了此等野心，但其表述依然非常顽固地维持了百科全书的风格，这其中显然并没有真正的创新。说白了,这么一部多卷本的作品,只不过阐明了一个无须多言的看法:布罗代尔、布洛赫和费弗尔这样的人当然有能力将民族志的叙事和社会分析与文本解释综合起来,但是这样的人物实在是为数寥寥。叙事冲动以及历史事件自身勃发而出的力量,这一切都是布罗代尔予以拒斥的,布罗代尔认为这只不过是出于历史从业者的愚蠢而生发出来的狡计而已,相反,布罗代尔更看重那些足以造就近似于板块运动的诸多力量之起伏和变迁,然而,倘若真的要赢得读者并从"过去"的奴役当中解脱出来,叙事冲动和历史事件自身蕴含的力量,就是不可或缺的因素。

  普勒姆拥有近乎完美的叙事技艺,他对此当然心知肚明。尽管他也肆意宣扬说,马铃薯的历史同不列颠内战史或者美国内战史有着同等的分量,但他在内心深处却并没有此等信仰。事实上,就在年鉴学派的社会史模式如日中天的时候,人们不难发现,普勒姆仍然保持着对言辞-行动之力量的信仰,并相信这种力量能够震荡并塑造群体和民族的命运。如果说,在诸多重大讲座(以及他那部关于沃尔波的作品)中,普勒姆确实将议会言辞视为一道幕障,幕障后面才是各个利益团体的真正沙场,那也要注意到,普勒姆在另外一些作品中也会倾力呈现福克斯或者查塔姆这类人物的政治艺术,并且内心秉持的是截然相反的观念。因此可以说,普勒姆那极为明辨的智虑,当然能够令他从言辞和意识形态的魅惑力量当中超脱出来,不过,他本人的脾性以及他对言辞之奥义的深深眷恋,也总是将他向着此种魅惑力量引领。而这恰恰也正是普勒姆对刘易斯·纳米尔提起的强烈控诉的要义所在,普勒姆认为,纳米尔沉迷于利益的分析,忽略了观念的力量,这实际上是对人类现实行为方式的短视之见。

所有这一切矛盾，都不曾阻止普勒姆去完成这么一部虽然很小，但也颇具分量，甚至可以说是足以垂诸后世的论辩作品：《过去之死》。不过，阅读普勒姆（就如同阅读众多一流史学家一样），一定要注意，真正重要的不是他说了什么，而是他怎么说。尽管普勒姆始终相信，历史绝不仅仅是快乐原则的演练之地，绝不仅仅是对世代进程当中的人性的探查，还应当揭示知识上的和文化上的变迁；然而，这样的变迁究竟是怎样的，要对之进行界定，普勒姆是要承受巨大压力的。他所有的门生都承认，若是不仅丧失了对过去的感受，也丧失了批判性质的历史叙事，那么这个世界就会变得越来越糟糕并最终变得相当危险。然而，普勒姆和我们中的大多数人一样，怀有某种审美情趣，寻求某种教化之道，必然会受到制约，难以遂志。

导 言*

尼尔·弗格森

现实版的"过去之死"

病人"H.M."的病例在神经科学圈子里已是尽人皆知。H.M. 本是一个聪明的年轻人,却饱受癫痫之苦。1953 年 8 月,当时神经科学尚处于萌芽期,一名外科医生对 H.M. 动了一场名为"内侧颞叶双向再切除"的手术,将内侧颞叶组织切除。这场手术的目的是缓解癫痫的突然发作。手术也确实达到了缓解的目的。不幸的是,手术本身有两大灾难性的副作用。首先,这场手术摧毁了病人十一年的记忆;尽管动手术时候,H.M. 只有二十七岁,不过,病人对十六岁之后发生的事情已经完全没有记忆了。其次,更严重的是,手术也摧毁了他的记忆能力,手术之后,H.M. 对所发生事情的记忆只能维持几分钟。① 随后,便围绕此一病例出台了众多医学报告,其中一份描述了这场手术

---

* 在此要特别说明,表示我的感激之情。尽管我不曾在杰克·普勒姆门前受教,我没有前往剑桥上大学,不过,正是因为普勒姆的影响,我才得以以研究员身份在剑桥的基督学院开启我的学术生涯。此前我与普勒姆素未谋面,不过,普勒姆曾读过我博士论文部分章节的初稿,并表示赞许。普勒姆的赞许足以让我进入基督学院了。1989 年的秋天,我进入基督学院,也就是由此开始,杰克便成了我的良师益友,此一关系一直维持到 2001 年杰克谢世。

① Deniz Yuret, "Patient H. M.", Ohio State University Psychology department case notes (Sept. 1995).

的现实后果：

> 手术十个月之后，H.M. 搬家了，新家距离老家只有几个街区。……差不多一年过去了，H.M. 仍然不能记住新的住址，单靠他自己也无法找到回家的路……病人日复一日地做着同样的字谜游戏，但没有任何实际效果，他会一再阅读同一份杂志，但并没有发觉内容上的重复。①

这个病例的众多研究者最终达成一致看法，认为外科医生有点操之过急，非常不谨慎地将几个对记忆能力至关重要的脑组织切除了。②

折磨着 H.M. 的是极端形态的遗忘症，这也为普勒姆所谓的"过去之死"提供了鲜活例证。对 H.M. 来说，1942 年之后的那个过去已然完全死亡了，无论是这其间积累起来的事件，还是记忆的过程。③要把握普勒姆这本小书的意向，只需要想象整个社会都处于 H.M. 的境遇当中就可以了。

普勒姆很清楚，历史是可以对过去实施修订或者进行改进的。他本人的生活就足以揭示出此一过程是如何运作的：他是莱斯特一家鞋厂的一个地位低下的"工头"的儿子，但他借由对一位朝廷重臣兼鉴赏家的长期而杰出的学术研究改变了自己，这位重臣不仅是温莎和罗斯柴尔德家族的常客，也是英格兰那些更为古老也更为尊贵的贵族圈

---

① Brenda Milner, "Description of Amnesia Patient H.M." in Floyd E. Bloom, *Brain, Mind, and Behavior*, 2nd edn (New York, 1988), pp. 254, 256.
② 确切地说，就是海马体、杏仁核、海马旁回和内嗅皮层。
③ 其中只有寥寥几个例外，比如说摇滚乐、宇航员以及暗杀约翰·肯尼迪。

子的座上客。然而，无论他房间里有多少塞夫勒瓷器，也无论有多少上等拉菲葡萄酒，都不可能将他的过去一概抹去。相反，他最喜欢强调的就是他的世俗成就"一条以莱斯特的萨默维尔路为始点的漫长道路"。在普勒姆眼中，一个人唯有不忘记过去，才能取得进步，同样的观念也适用于社会。在一场政治纷争趋于白热化的时刻，他曾在自己钟爱的基督学院宣示说，"重要的是，学术领导人物要确保这个学院的存续和繁荣，就像过去的五百年间所做的那样"。① 过去之死，意味着放弃过去五个世纪的学术成就，这实际上也就意味着这个学院没有未来可言了。

倘若哪个社会真的有意杀死自己的过去，那么，这部作品的初衷就是针对这样一个社会而发的。这本小书是以 1968 年 3 月普勒姆在纽约的四次演讲的手稿为基础写就的，因此可以说，《过去之死》有着明显的时代烙印。就在同一个月里，田纳西的孟菲斯爆发了数起种族骚乱，马丁·路德·金就是 4 月 4 号在孟菲斯遭到暗杀的。此时，北越的新年攻势正全面展开，美国对这场战争的投入力度则趋于衰减；1968 年 3 月，发生了美莱村大屠杀事件，美军士兵在这个村落杀死了四百多人，其中包括妇女和儿童，尽管此暴行直到一年后才公之于众。学潮运动此时也在大西洋两岸酝酿起来。甚至就在普勒姆准备自己的演说之时，披头士乐队凭借那首《佩珀中士的孤独之心俱乐部乐队》赢得了格莱美大奖，滚石乐队也将要将《一起欢度这夜晚》这首单曲的能量释放出来。看起来，1968 年的这个春天，已然是埋葬传统

---

① Neil McKendrick, "Sir John Plumb: A Biographical Memoir", 未出版手稿, Cambridge 2002. 作者允许我引述这份极具启示意义的文献，对此我要深表谢意，同时也要感谢作者就这篇导言的早前版本所做的评论。

态度和传统结构的绝佳时机了。过去从来没有像在这个春天那样，陷入此等垂死挣扎的地步。

直到暮年时期，普勒姆都可算是左翼人士，对这样的革命情绪，普勒姆当然不会没有觉察；这样的情感潮流即便在剑桥都可以感受得到，更不用说在纽约了。因此，在这部小书当中，发现民权运动和性革命的身影，也就毫不奇怪了。比如，在就美国主流史学的"白人"特质而作的长篇注解当中就出现了这样的话："过去的两年见证了黑人力求获取自身之过去的决心。""过去之禁令体系对婚姻的影响力是相当重大的……正在迅速解体，"他后来评述说，"两性关系的其他方面也是如此……统计资料已经表明，生物冲动、生理需求，业已引领我们走向一种更为宽容的态度，并且很可能正在令人们回归人性需求。亡灵禁忌的阴影已经从人类的卧榻消散而去。"

然而，时代潮流涌动的迹象，并非普勒姆所谓的"过去之死"的真实意思。毋宁说，普勒姆在这部小书中提出的问题，在三十年前事关重大，在今天也是如此。确切地说，普勒姆的问题在于：学院派史学，在摧毁对过去的传统观念的过程当中，是否本质上就是一门毁灭性的学科，有能力摧毁，但是没有能力取代那以神话元素为主导但也具备社会功能的"过去"？一方是致力于强化社会凝聚力的过去，另一方则是职业史学家有意识铸就的修订派史学观念，普勒姆一直担心双方会成为敌人，不幸的是，这一担心在很多方面成了预言，得到了验证。① 普勒姆那秃顶、西装革履并佩戴着眼镜的形象当然不可能引

---

① 参见乔纳森·克拉克的新作，*Our Shadowed Present: Modernism, Postmodernism and History* (London, 2003)。

领1968年的潮流，不过，《过去之死》于诸多方面都在智识上领先了时代。

剑桥语境

《过去之死》究竟有何新意，要理解这一点，不仅必须弄明白这部小书的政治语境，更重要的是，还要弄清楚它的学术语境。了解了这些，也有助于弄明白其中并不具备新意的地方。

普勒姆撰写纽约讲稿的时候，正值他历史学生涯的黄金期，当时他五十六岁。仅仅一年之前，他出版了《英格兰政治稳定性的增长，1675年—1725年》，这部作品最初是牛津大学的福特讲座的系列讲稿，这个系列都是华彩篇章。《罗伯特·沃尔波传记》第二卷的出版，开始了普勒姆职业生涯的二十世纪六十年代。如果说，普勒姆作为肖像画家以极端的细致出名的话（在沃尔波之前，他实际上还在1953年的时候为查塔姆立过传），那么到了二十世纪六十年代后期，他则已经准备好了以更为粗犷的线条作画。尽管此时他已经是世所公认的十八世纪英格兰史的头号权威，但是他也在竭力实施自我拓展，他同时也在研究并教授中国历史（当然，有人会说他这么做显然是野心过度了）。同时，普勒姆也自感在学术政治领域，他是安全的，甚至他本身已经处在学术层级的顶端位置上了。他已经在很长时间里都是基督学院的头面人物了，因此便很自然地于1966年获得剑桥的讲座教授席位，并且在纽约演讲期间，成为历史系委员会的主席。此外，不列颠科学院的研究员席位也在向他招手。此种情况下，他和他的宿敌乔弗雷·埃尔顿（此人最终击败了他，赢得了分量最重的现代史钦定教授席位),至少可以说是平起平坐了。

尽管普勒姆和埃尔顿都不能算作历史哲学领域的大人物,不过,二人还是在对待历史哲学的态度上迅速分化了(或者看起来是这样的)。就在一年之前,埃尔顿的确出版过一本名为《历史学的实践》的书,这实际上是为他自己的那种盎格鲁版本的德意志历史主义写就的一份宣言性质的东西,确切地说,就是依托兰克的档案材料研究方法,去应对英格兰宪政史上的传统问题。普勒姆对此颇为厌烦。G.M. 特里维廉的这位单传弟子,分享了导师对社会史的那种发自本能的热情,并且也正确地觉察出,社会史将会为未来几十年的史学发展定下基调。早在 1955 年的时候,普勒姆就宣称(见他为《社会史研究》撰写的导言):"最完整和最深刻意义上的社会史,如今已经是硕果累累的研究领域,其他史学分支都无可比拟,而且就在这一代人当中,将会有伟大发现。"① 正是秉持同样的精神,普勒姆在《过去之死》中断言:"历史探查的目的是要就人类社会活动之历史变迁中的基本问题寻求答案,其表现形式为概念和归纳。"因此,也就可以很简明地说,所谓历史教学,就是教授有关"社会变迁之性质"的东西。

毫无疑问,普勒姆此论是为了扶助年轻一代去对抗埃尔顿的那种方法论上的保守主义,普勒姆历来是站在年轻人这边的,他将此视为自己的原则。不过,从今天的角度来看,两人在某些方面的差异倒也并不像当初那样显著。"照实直书",此乃历史学家的职责所在,在这个根本问题上,普勒姆是跟埃尔顿一样的兰克主义者,这一点从下面

---

① J. H. Plumb (ed.), *Studies in Social History: A Tribute to G. M. Trevelyan* (London / New York, 1955) p. xiv。

的申述中不难看出：

……自文艺复兴以来，历史学家当中就逐渐生发出一项决心，那就是尝试**按照事情的本来面貌**考察并理解事情，不再为宗教、民族命运、道德或者制度之神圣地位效劳。……历史学家的目标也日益明确起来，那就是**按照事物的本来面貌**看待事物……真正的历史，指的就是**如实看待事物**，无论这样的历史将会同社会中的智者所论定的那个过去发生怎样的冲撞。

历史批判精神意味着将事物置于自身所属的时代，**如实看待**。①

普勒姆和埃尔顿也有共同的敌人。普勒姆在一则注释中毫无来由地对 F.R. 利维斯来了一番旁敲侧击，"过去这一乌有之乡的又一个难民……他对十九世纪英格兰的描绘完全是浪漫派的，只不过是为了满足人们的情感需求罢了"，此番鞭挞若是出自埃尔顿，倒也是完全合情合理的。普勒姆对麦考莱也顺道发起了责难，认为那是一颗"粗糙且肤浅"的心灵，此番批评也是一样的情形。的确，普勒姆的此类申述当中，甚至回响着赫伯特·巴特菲尔德这类更具自我意识的保守派历史学家的音律。尽管普勒姆在学生生涯早期就已经同巴特菲尔德决裂了，这一点鲜明地体现在二人对基督教和西方史学之关系问题的阐述当中。② 普勒姆本人是坚定的无神论者，不过，他也承认存在一种明确的基督教"叙事意识以及对不断伸展开来的上帝意图的意识"。

---

① 黑体为本导言作者所加。
② Herbert Butterfield, *The Origins of History*, ed. Adam Watson (London, 1981).

他在《过去之死》中申述说，在西方，"过去便获得了一种动力，甚至可以说是一种推力，这在其他地方是不可能得到的"。在这个问题上，普勒姆以中国作为清晰对照。普勒姆以那种业余票友通常都难免的自负和自信申述说：中国人，

> 唯一关切在于创造一个教化性质的过去，在呈现方式上极尽精巧、复杂、缜密、准确之能事，但那不是历史。
>
> **历史问题之缺失，令中国人的心灵很难触及历史问题**。对中国学者来说，过去从他们自己的时代延展而出，如同大海一样，随着风浪四处漫卷，毫无界限可言……欧洲人的过去绝不曾拥有此等的一致性或者统一性，遑论中国人的那种包罗了一切的确定性。①

普勒姆与自由传统

不过也正是在此，我们开始真正切入普勒姆的智识宝库；因为正是在此，正是在对东方的这种极为轻蔑的态度当中，在他所描摹的这幅千篇一律的孔教讽刺画当中，普勒姆明白无误地抒发了一个十九世纪自由主义者的心声。在抨击麦考莱以及李维、塔西佗、巴克、霍林谢德、法比安、班克罗夫特以及斯塔布斯主教，并将这些人视为单纯的"年代记作家"的时候，普勒姆展现出同样的傲慢。

普勒姆毫不怀疑，在现代学院派史学家和"中国古代圣贤"以及从塔西佗到麦考莱的西方早期叙史人（吉本恐怕是唯一的例外）之间，横亘着一条方法论上的鸿沟。"科学"史学在十九世纪晚期降临

---

① 黑体为原文所有。

欧洲,在此之前的一切时光里,所谓历史则不过是用来"为统治权威效劳而已"。这使我们进入了普勒姆论点的核心:他对"过去"和"历史"的区分。所谓"过去",在普勒姆看来,在人类的记忆中总是遭遇非正式的扭曲,甚至是刻意的曲解,以此来掩盖那更深的目的。"过去,"普勒姆写道,"历来都是人们有目的地创造出来的意识形态,意在控制个体、激活社会,并激励各个阶层。"在全部的历史进程中,它从来都是被用于"证成对人类的压迫和剥削"。相形之下,历史,则不仅仅是兰克所谓的对过去的"如实"呈现,只以自身为目的的呈现;同时也是那项恢宏的自由规划的组成部分,此一恢宏规划就是要推进人类的进步事业。"历史……之未来,"普勒姆毫无犹疑地写道,"在于将那些暗藏意图的有关过去的幻象,从人类叙事当中清除出去。"这同时也意味着要超越那种纯粹的年代记式的历史;为着人类未来行为而作的推演,是历史研究能够提供的,而且也是应当提供的。因此:

> 历史学家是能够描述发生过的事情的,因此也就能够指出什么行为是不恰当的……历史当中蕴涵着人类的诸多真理……一切能够提升人类……掌控自我、掌控境遇之能力的进程,都是很值得追寻的。

以及:

> 历史学家的目的在于不断深化对人和社会的理解,这不仅仅

是为历史研究自身的目的,更是希望更渊博的知识、更深刻的意识能够帮助塑造人的态度和行动。

此类申述倒是更契合1896年的历史境遇,而非1968年的历史境遇。对此,不妨举一个例子予以说明,阿克顿勋爵在剑桥的就职演说中曾宣称,科学史学是欧洲进步的推动力量之一:

> 勘察和发现之普遍精神……从未有所松懈,一直都在抵御反复袭来的反动潮流,并且会抵抗到最终胜出的那一刻。这是……一场逐渐伸展开来的变迁……借由此一过程,人类从屈从状态进抵独立状态,此一现象对我们来说,是有头等重要意义的,因为历史科学就是此一进程所依托的工具之一。①

换言之,历史学家不仅要致力于描述人类进步过程那命定的胜利,而且,此一叙史工作本身,实际上就是人类进步过程的一项动力元素。普勒姆的如下宣示实质上正是此一观念的回响:"这正应了一句历史的真理:人类之境遇一直都在改善当中……人类之成就植根于对理性的运用,无论是技术问题,还是社会问题,都是如此。历史学家的职责就是要教授、传扬并论证这一点……"

后现代读者面对此类申述,必然会大为震惊。即便是那些致力于捍卫十九世纪之真实性,并据此抵御后现代潮流的人,也不免会感到

---

① Lord Acton, "Inaugural Lecture on the Study of History", in W. H. McNeill (ed.), *Essays in the Liberal Interpretation of History* (Chicago 1967), pp. 304f.

惊愕,毕竟,普勒姆在此无异于发出了战斗召唤,而且还是以如此直接的方式。① 当然,我们无妨在此提醒说:在大学历史院系当中,历来都存在一些资深人士,他们真的相信诸如人类进步这样的事情,并且也相信人类可以从过去汲取教益。此一情况当然也是很有意思的,不过,此一情况本身倒也不足以成为重印《过去之死》这本小书的理由,甚至也不是重读这本小书的理由。普勒姆宣称,人性之职责就在于"化解人群当中存在的矛盾和敌意",针对此一宣示,我们也必须记得普勒姆处身其中的时代境遇。当他呼吁历史"协助人类建立身份认同,不是作为美国人或者俄国人、中国人或者英国人、黑人或者白人、富人或者穷人,而是作为人"的时候,我们也必须对普勒姆有所谅解,就如同我们也应当对约翰·列侬有所谅解那样,后者的单曲《想象》不也是一副陈腐的抒情风格吗?重要的是,面对此类申述,我们应当予以纵深理解。

怀疑的种子

《过去之死》的真正分量,并不在于普勒姆就"科学"史学之救赎力量提起的那种极具传统色彩的宣示,而在于隐藏在薄薄帷幕当中的焦虑。确切地说,普勒姆十分担心这样的历史学不足以替代人类对过去的诉求。普勒姆的确宣称,"古老的过去正在死亡",不过他也补充说,"我们希望历史能取而代之……"。然而,历史能吗?这样的事情发生过吗?

普勒姆对过往世代的史学家可谓相当严厉,他将其同真正的史学

---

① 比如说,可参阅,Richard Evans, *In Defence of History* (London, 1997)。

家对立起来,尽管如此,普勒姆敏锐地认识到往昔史家创造的那个过去的价值,尽管是勉勉强强的。正如普勒姆本人说的那样,"倘若丧失了对历史自我的意识,这将会招致巨大危险"。所谓过去,在普勒姆看来,其效能也许比不上真正意义上的历史,不过,倒也比什么都没有要强。不管怎么说,过去躯体之上存在的全部社会和政治功能,并非一无是处,这对一个在剑桥度过半辈子的人来说,还不至于看不明白这一点:

> 芸芸众生都少不了时间这个维度,因为他们意识到时间的存在。他们认识到,自己是历史进程的组成部分……[而且]他们希望了解此一过程的性质,过去是怎样的,现在又是怎样的。人们需要一个历史的过去,客观且真实……每个人都是一个历史存在,生活在时间创造的模式当中……

这也是为什么"H.M."病人的困境,会令我们生出悲剧感。确切地说,H.M.并未承受身体上的痛楚,但丧失了"历史存在"意识,在大半辈子的时间里都是如此——普勒姆在基督学院任教,置身于过去之中的时间与之大致相当。"时间创造的模式"就这么简单地从他的生活中消失了。

此一命运完全有可能降临在整个社会,正是此种可能性,如同鬼影一般缠绕着《过去之死》,那深深的忧虑潜藏在普勒姆那自由主义者的乐观主义叙事的字里行间。毫无疑问,要普勒姆直面此一可能性,是非常艰难的事情:历史,他所理解的历史,可能扮演H.M.病例中那个外科医生的角色，将我们集体意识的关键元素予以切除——正是此类关键元素，维持着过去的生命，无论这样的生命是何等不完美。

普勒姆自己则是选取了一个颇具启示特质的意象，对此予以说明。他写道，"历史如同蛀虫一般，在过去这一庞大机体当中咬蚀，将木料蛀空，令其结构坍塌。"或者也如同他在接下来的一段话中表述的那样，"历史深切地关注过去，从某种意义上说，历史协力摧毁了作为一种社会力量的过去……"此一申述可谓直言不讳，不过也是有着关键分量的。学院派史学家们已经对传统史学围绕过去建立起来的种种阐释宣战了，并且也确实发起了进攻并取得了相当的成就，令传统阐释模式元气大伤。这些史学家的动机当然是值得尊重的。用普勒姆的话来说："今天的历史学家……不能接受上一代史学家对过去的那些阐释，甚至也不能接受本国社会大众对过去的见解。粗糙的意识形态解释……是对历史学的侵夺……"但是问题在于：历史学家们可曾成功地创制一门能够同样满足人类情感需求但又是真正意义上的历史学科，来取代"过去"呢？对此，普勒姆笔锋突转，写道："许多历史学家便在历史之无意义这一论断中寻求避难，他们认为，历史学只能确立个人化的……论述；历史学是职业选手的游戏，而且也是职业选手在制定游戏规则。"——此一申述不免令人想知道，普勒姆具体指的是何人。普勒姆在《过去之死》中，早早便委婉地认肯了一种令人沮丧的情状：历史并不比过去更有力量。历史的光芒是"昏暗摇曳的"。确切地说，普勒姆所说的历史缺乏那种海登·怀特所谓的"元史学"的修辞结构和叙事结构，正是这样的结构，令那遭到扭曲的古老过去充满魔力，更令那样的过去让人无从忘怀。

在撰写《过去之死》的时候，普勒姆也如同那一时期的众多学院派人士一样，宣称自己是个社会主义者。不过，即便是在这么一个早期阶段，也依然能够辨识出普勒姆播下了自己的智识种子，正是这样的种子后来发育成对社会主义（及其同盟者，也就是放任的自由主义）之社会后果的反对态度，显然，到了1980年代，这批智识种子将会发育成熟，成长为彻底的撒切尔主义。不妨举一个例子，普勒姆曾有评述说，"在此一巨大且急速的变迁时代，那种代代传授、代代传承的社会性质的意识形态可能面临难以维系的巨大危险。随着过去归于死亡……就会出现社会纷争的危险……"。两页篇幅之后，普勒姆回归了这个主题：

过去之于宗教、教育和经济活动的牢固掌控一旦削弱，社会事务就会陷入瘫痪状态。不难想见，结果之一就是……家庭结构的败落以及年轻人日益提升的独立性。

显然，这段论说当中鼓荡着保守情感，并且也足以预见到二十年后普勒姆身上那种更为剧烈的保守情愫。类似的思维很快令普勒姆的一些同代人激动，无论他们在政治光谱的哪个位置上，其中就包括了金斯利·阿米斯。普勒姆的剑桥同僚当中，只有极少数几个人在就传统制度和思想结构展开的这场自由主义攻势当中，嗅到了最终的结果不是普遍启蒙，而是普遍解体，特别是毛里斯·柯林。[1]

普勒姆当然也能够意识到，学院派史学就其自身而言，其命数是

---

[1] Maurice Cowling, *Religion and Public Doctrine in Modern England*, vol. III (Cambridge, 2001).

不足以延展到对历史的胜利时刻的。在一段充满先知色调的阴暗论述中，普勒姆提起警告说："倘若就这么看着过去死亡，或者说，倘若过去真的已经死亡，而一个新的过去未能破土而出，那也只能说，这就是历史学的宿命。由此，历史学作为人类命运阐释者的地位将会被社会科学取代。"这样的话，实际上也等于是说，普勒姆本人在历史和过去之间所做的那个初始区分，是一个虚假的两元格局；确切地说，倘若丧失了广泛的过去意识，那么学院派历史学就肯定会因为公众兴趣的缺失，而逐渐归于消散。普勒姆召唤"对人类过去之价值的强迫性意识"，这实际上就是承认了他所谓的历史倘若真要去战胜过去，那么这样的胜利也只能是代价惨重的。

三十五年过去了，过去死了吗？看看电视节目中相当受欢迎的历史纪录片，倘若这样的电视节目的确有其意义的话，那就不能说过去已经死了。最近面世的西蒙·沙玛的"不列颠历史"系列和大卫·斯塔奇的"亨利八世的六个王后"系列，已然成功地吸引了两百万到四百万不等的不列颠观众。① 显然，此类节目存在于过去和历史的交汇之处，所诉求者是观众对不列颠之过去的现存的集体记忆，与此同时，此类节目也致力于将学院派史学研究的新成果引介给观众，至少是其中一部分成果。但不管怎么说，如果普勒姆所谓的过去真的死亡了，那么此类节目是不可能吸引到任何观众的。

也许，真正的病症在另一方。确切地说，在英国，真正沦落垂死

---

① 前者是普勒姆的门生，后者是埃尔顿的门生，普勒姆可能比埃尔顿更能理解其中的讽刺意味。

境地的是学院派史学,而非过去。不管怎么说,学院派的历史科目在学生年满十四岁之后便不再成为必修科目了。这也令英国成为欧洲仅有的两个国家之一,历史学在学生毕业离校之前不再是必修科目(另一个国家是冰岛)。这也就意味着,只有三分之一多一点点的英国学生,会在初中阶段修习历史科目。更重要的是,初中之前的学段,学生们奉献给历史科目的时间少得可怜,一个星期通常只有一个小时。这也就必然对英国的初级历史教育产生影响。1992年之后,选修高中历史科目的人数已经跌落了十六个百分点。选修社会科学的学生是选修历史的学生的两倍,这恰恰是普勒姆担心的情况。

学院派史学的萎缩,同样在英国学生的选课范围方面体现出来。理论上,在"第三阶段",此一选择范围是相当广泛的,从"1066年到1500年的英国史"到"1900年之后的世界",都在其列。但在实际上,百分之五十一的初中历史科目学生和令人震惊的百分之八十的高中历史科目学生,都选择了纳粹德国这个主题。剩下的人似乎都选修了都铎王朝史。在很多学校,所谓历史科目,已然等同于"希特勒和亨利王族"了。这一切,毫无疑问,都影响到了英国大学历史系生源的数量,对质量的影响恐怕更为严重。①

学院派史学不但没有取代过去,反而很有可能将过去一同带落泥潭当中。据最近的一项调查显示,年龄段在十一岁到十八岁之间的学生中,差不多有三分之一的人竟然认为奥利弗·克伦威尔参与了黑斯廷斯战役,知道纳尔逊在特拉法加海战中的旗舰叫作"胜利号"的学生不足半数。至少有三成的学生不知道第一次世界大战是在二十世纪

---

① 关于此一问题,最近有一项调查,参见,*BBC History Magazine* (July 2003)。

展开的,他们还沾沾自喜。毫不奇怪,历史频道的节目,年轻观众的数量比例明显偏低。历史频道"帝国"系列的观众群体当中,只有百分之十四的人是在三十五岁以下,五十五岁以上的观众则超过了百分之六十。十六岁以下的观众仅占百分之三。过去也许还存活在英国的民众文化当中,但也必然是迅速衰老了。

1968年的时候能够预见到此番境遇吗?很可能不能。不过,普勒姆的《过去之死》倒也确实击中了问题的要害。职业史学家们蔑视对过去的一切记忆,只保留那些借由他们自己的研究得到印证,并在行内的权威期刊上发布出来的历史记忆,这是否明智呢?修正主义的毁灭性能量最终创造的不是一个新的、得到改进的过去,而是一个真空,这样的情况会不会发生?如果说普勒姆仍然希望历史学家们能够重铸过去,那么他也势必感受到一种隐隐的疑虑,担心职业史学家们很可能会把事情搞砸。仅仅一代人之后,普勒姆担心的既失去过去、也失去历史的社会噩梦便已经不再是纯粹的幻象了。

在医学世界,"H.M."是那个得到缜密研究的遗忘症病例的首字母缩写,此外,读者也都不难注意到这么一个充满讽刺意味的情况,这个缩写实际上也代表了"陛下"或者"女王陛下"。君主制为英国的过去提供了不可或缺的框架,这一点,普勒姆当然很清楚:他于1977年出版的《王室遗产》一书,在商业上取得的成功远胜他的其他作品。不过,倘若孩子们都认为克伦威尔参加过黑斯廷斯战役,那么过去又有多少价值呢?此种境况之下,普勒姆为之奉献终生的历史学又有何希望可言呢?向一代又一代人介绍王室遗产、贵族遗产以及平民遗产的历史学,又有何意义呢?准确地说,倘若过去和历史一起死亡了,谁又记得"H.M."代表了什么呢?

  这些都是《过去之死》的当代读者必须去仔细掂量的,倘若普勒姆今天依然健在的话,他也会这么做的。

前　言

这本小书是在萨博斯尼克讲座系列的基础上写就的，讲座的时间是 1968 年 3 月，地点是纽约城市学院，能获得这样的机会，是我的殊荣，在此深表谢意。这本小书在很大程度上保持了讲稿的原样。将之拓展成大部头的作品倒也不是难事，而且也不难拓展成一部多卷本作品，只需要将多个世纪和多个文明当中的素材放进去就行了，不过，我并不认为这样做能为本书要传达的基本观念增色多少。而且，我还有另外的工作要做。也许有一天，手头的其他工作完结之后，我会重新回到这本小书提起的问题上来。对城市学院以及萨博斯尼克基金，我深表感谢，若不是他们的邀约，我肯定没有机会写就这么一本书。同时也对院长萨缪尔·米德布鲁克及其城市学院的同僚深表感谢，是他们令这趟城市学院之旅充满愉悦。

J.H.P.
剑桥基督学院

导　论

在这本小书中，我尝试在过去和历史之间作出明确区分。自有历史记载之初，人类一直就以多种方式运用过去；比如说，解释人类生活之缘起和目的，令统治制度神圣化，令阶层结构获得合法性，提供道德典范，使文化教育活动更加生动，解释未来，还有就是将一种命运感赋予个人生活或者民族生活。对所有的社会来说，过去一直都是活着的，是日复一日都在使用着的东西，代代相传，绵延不绝。社会越是趋于文明和精致，对过去的运用也就越是复杂且强力。

在人的意识当中，对过去的感受是同对未来的感受联系在一起的。无论是东方社会还是西方社会，都是如此；不过，东西方之间在这个问题上还是存在一项重大差异。中国人肯定是依托过去来看待未来的。王朝陷落，是因为天命对恶政施加惩罚所致，一个王朝的陷落也就预示了另一个王朝的崛起；同样，一个王朝之崛起，也意味着得到天命的允准，这也就意味着权力、繁荣、公正和普遍福祉。但是在西方基督教世界，过去同未来之间的联系极富动态特质，这是因为基督教宇宙论既延伸至过去，也延伸至将来，在复杂精细的叙事中对特定事件作出精确预言。在西方，过去的运动形态是线性的；在东方则是循环的，尽管也有"进步"的意思。

人满怀好奇之心，而且通常也都是相当精细的观察者。因此，人用来支撑个人生活或者社会生活的过去，也就绝不会是完全编造的。人所运用的过去，蕴涵了大量的事实元素，这类元素都沉淀在人所属的族群或者民族身上，甚至可以说，倘若一个人出身望族或者属于祭司或者军事阶层，那么此类事实元素关涉到发生在他自己祖先身上的事情。

而且，过去之魔力和效用也驱使人们围绕过去设定诸多事实，同时也发掘其他事实，并确立此类事实元素之真实性——只要我们记得，所谓事实，可以是道德事实、神学事实乃至审美事实，而不仅仅是实存的事实。在有历史记载的大多数时间当中，大多数人和大多数史学家所关切的东西，恐怕都远远超越了单纯存在的事实。

然而，以此等方式加以运用的过去，绝不是历史，尽管其中也包含了历史元素。历史如同科学一样，是一种智识进程。当然也和科学一样，要求想象力、创造力以及同感能力，当然还要求学者实施尽可能精确的观察。在西方社会过去的三百年时间中，历史和科学一样，从智识角度看，也是从对那个古老自我的认同感当中成长起来的。而且，历史和科学之成长过程，很可能有着相当微妙的联系。不过，自文艺复兴以来，历史学家当中就逐渐生发出一项决心，那就是尝试按照事情的本来面貌考察并理解事情，不再为宗教、民族命运、道德或者制度之神圣地位效劳；确切地说，就是尝试将超脱性、洞察力以及理智上的理解力引入人类叙事当中，此类元素正是自然哲学家们曾注入对自然界的研究当中的。历史学家的目标也日益明确起来，那就是按照事物的本来面貌看待事物，并据此对社会变迁过程展开叙事，这样的叙事全然以历史根据为依托，并放弃其他立场上的一切诉求。在我看来，此乃西方特有的发展进程。我所推崇的一些学者未必会赞同这种看法，因为他们觉得我夸大了中国史学和西方史学之间的差异。就我读到的二手文献而言，中国史学也是相当精致的，这一点我很清楚，我们清楚中国史学拥有极为丰富的卷宗，也知道中国史学有关体制变迁的观念的发展状况，可以说，这些都在一定程度上突破了"天命"这一基本历史观。显然，唐朝时期的中国史学家要比艾因哈德、弗莱辛的奥托以及任何中世纪早期的编年史家好上不知道多少倍，这就如同中国的圣贤在技术方面以及统治体制方面也要比中世纪同行好很多一样。尽管如此，中国的史学发展进程却也从未突破导向真正历史的最后藩篱，确切地说，所谓真正的历史，指的就是如实看待事物，无论这样的历史将会同社会中的智者所论定的那个过去发生怎样的冲撞。中国人历来追求博学，但是他们从未发展出批判性的历史学，后者是西方史学家在过去两百年间的标志性成就。说白了，中国史学家从未尝试过将历史视为客观理解之事，更别说取得这方面的成就了。

批判史学毫无疑问是倾向于削弱过去之效能的，毕竟，批判史学就其性质而言就是要消解前人为了解释生活之目的而在历史语式当中运用的那些简单的、结构化的概括归纳的。毫无疑问，这也就是为什么极权社会要对历史学家实施强力掌控，不给历史学家任何自由，在这样的社会，历史学家除了积累知识之外，没有任何伸展空间。在这样的社会，历史已然是一种社会机制，一种强化制度之神圣性的力量，而不是对真相的追寻。从根本上说，历史是摧毁性的，尽管也不能认为，当今时代过去在宗教、政治、教育以及道德领域所发挥的认同作用遭遇解体，应当全部归咎于历史。过去在今天的暗弱态势植根于更为深刻的情由当中,此类情由深深地渗透在工业社会的本性当中。工业社会,跟商业社会、手工业或者农业社会不一样,工业社会不需要过去。工业社会之智识和情感导向是变革而非守成,是投资和消费。新的方法、新的机制和新的生活模式都在科学和工业社会发育起来,所有这一切既不依赖过去的认同作用,同时也并非植根于过去。由此,过去便沦为好奇、怀旧或者情感主义的诉求对象。当然,过去之力量仍然会有残存,尤其是在宗教和政治领域,在新发展起来的工业社会,宗教和政治仍然处于冲突和危机状态。不过,在某些生活领域,过去之主导地位则差不多已经完全消散了。直到十九世纪晚期,艺术和建筑领域之主导力量仍然归属过去,无论就具体的技巧而言,还是就主题而言,都是如此。历史绘画依然被视为最高的艺术形式。公共建筑要么是罗马式的,要么是希腊或者哥特式的,最多也只能说是这几种主流建筑形式的变体而已。然而,在艺术领域,过去也已然归于消散了。艺术家们偶尔参照一下古老神话,即使毕加索也会如此,不过,他们极少参照历史事件。你根本不可能想象今天的摩天大楼会同飞拱或者多利安廊柱结合起来。同上一代人比较,过去之力量在今日生活的各个领域已然大为削弱了;的确,极少有哪个社会会令自身之过去如此迅疾地消散而去。可以而且也应当认为,此一消散进程还不够迅速,恰恰就是因为过去之力量尚且在众多社会、教育、政治观念和相应的制度当中残存,才导致了危机情况的发生;过去,即便已然丧失了生命力,但仍然要耗费相当长的时间才会真正死去。无论实情是怎样的;过去都已经衰落了,历史学家在这其中必定是有责任的,毕竟,正是历史学家如此决绝地对围绕过去建立起来的神话、宗教和政治观念发起了攻击行动。

历史究竟会有何等的效能？历史能在社会效能方面取代过去吗？这实在是一个简单而又困难的问题。历史确实是有效能的，这一点毫无疑问。迄今的人类社会当中，一直都存在对自身价值意识的需求。当然，此一需求完全可以借由非历史的方式得到满足，比如说，享受生活品质以及对群体或者共同体之目标和目的的认同，都可以满足人类的价值需求。一些人竭力让本能形态的生活模式尽量丰富一些，以此来建立价值意识，对芸芸众生来说，生存意志本身就是活着的价值所在。① 然而，芸芸众生都少不了时间这个维度，因为他们意识到时间的存在。他们认识到，自己是历史进程的组成部分，而历史进程穿越数个世纪的时光，也是不断变迁的；人类和人类社会绝不是静止的，或者说至少不曾沦落为静止状态；变迁过程一直都在加速，过去是，现在也是，因此，人类希望了解此一过程的性质过去是怎样的，现在又是怎样的。人们需要一个历史的过去，客观且真实。

过去往往规约了一个人的行动和信仰；历史则并不具备此等效能，不过，历史学家是能够描述曾经发生过的事情的，因此也就能够指出什么行为是不恰当的。和科学家一样，历史学家也不能自居于道德或者政治评判之外，不过，历史学家是能够竭尽所能地站在历史角度来塑造道德评判和政治评判的，尽管历史之光是昏暗摇曳的。历史当中蕴涵着人类的诸多真理，此类真理都是值得讲述的，这些真理，有大有小，一些是普遍性的，一些则是技术性的。今日社会面临的一

---

① "于是就有了一种不拒斥生活中的任何东西的生存意志,而生活是我在这个世界上最敬重的美德。"阿尔贝·加缪。

些问题,也都不是什么新问题,即便不说是最为重大的问题;过去当中,也存在类似或者近似的情形。一切能够提升人之自我意识并提升人类掌控自我、掌控境遇之能力的进程,都是很值得追求的。过去死了,但这并不意味着历史就没有未来了。每个人都是一个历史存在,生活在时间创制的模式当中,倘若丧失了对历史自我的意识,这将会招致巨大危险。然而,历史并不是过去。所谓过去,历来都是人们有目的地创造出来的意识形态,意在控制个人、激活社会,并激励各个阶层。一切概念当中,遭滥用程度最高者恐怕非过去这个概念莫属。历史和历史学家之未来,在于将此类暗藏意图的有关过去的幻象,从人类叙事当中清除出去。只要历史依旧繁荣,过去之死倒也不失为一桩好事。过去不应当如同凤凰那样从灰烬中重生,再次像往日那样,证成对人类的压迫和剥削,用恐惧折磨人类,或者是借由人类自身的绝望来窒息人类;对此,应当抱有希望,这一点最为重要。说白了,过去只是为少数人效劳的,但历史则是为着大众的。

第一章　过去的认同作用

自从我们所了解的古代以来，过去一直如同阴霾一样，笼罩了人类生活，它以灾难的出现相威胁，或者呼唤、暗示灾难的出现。过去将各色不祥征兆涵养起来，要么呈现为一神体系，要么呈现为多神体系。过去是一个世界，那黑暗的苍穹有诸多事例如同星辰般点缀其间，其中只有少数一些散发出和善的光芒，余者则都满载了宿命。这样一种信仰体系，一旦付诸实践，正如大家都会见证到的那样，是为各色各样的必要的社会目的效劳的，真理的碎片散落其间，当然也包括对昔日里发生的诸般事件的评断，还有就是那些真实存在过的人物。不过，直到近期，一直都不曾存在我们今天所谓的历史；那些研究过去之事的人无意于追索真实发生的事情，而且即使确实发掘出了真实的过去，但这些人基本上都没有想过对之展开剖析，借此追寻一下究竟是怎样的现实力量在操控人类的命运。[1] 即便是古代最伟大的史家，诸如希罗多德、李维、塔西佗以及司马迁、司马光等大师，也从不曾在过去的魔咒当中脱身而出，他们依然受制于过去的神话及其

---

[1] Herbert Butterfield, "Delays and Paradoxes in the Development of Historiography", in *Studies in International History*, ed.K. Bourne and D. C. Watt (1967), 1. "在那些有能力铸就深刻哲学、高深数学以及精细的自我分析的时代，历史学完全有可能是非常落后的，此乃实情，而且，恰恰是在这样的时代，会对过往时代的种种记载和故事产生令人难以置信的盲信盲从。"

社会效能；也许只有修昔底德抓住了问题的要害，确切地说，修昔底德意识到有必要如实重构过去，但是，修昔底德也认定，此一工作是没有可能在任何真正意义上取得成功的，因此，修昔底德便致力于当代事件，确切地说，也就是那些他能够在时间予以侵蚀或者摧毁之前，予以亲身体验的事件。① 然而，即便是修昔底德这样一颗精确且严苛的心灵所铸就的当代历史，也不足以成为我们所谓的历史。修昔底德当然也在追索真相，但那并不是历史真相，而是置身战争和政治漩涡当中的人们的行为的真相，确切地说，修昔底德所追索者乃是人的本性、机缘的干预、勇气和软弱以及善恶这样的东西，也正是因此，修昔底德允许自己运用充满想象力的叙史方法，比如说，修昔底德叙事当中呈现的论战场景，是全然无法相容于历史的，就如同炼金术不能相容于科学一样。

中国古代最伟大的史家司马迁也是一样。司马迁的《史记》很可能是他的父亲司马谈开启的，后者担任太史令要职，当然，《史记》的主体内容是司马迁所修，司马迁继承了父亲的太史令一职，并且是在极为惨淡的境遇当中完成了这部史书（晚年因欺君大罪而遭受腐刑）。这部史书是辉煌之作，这一点自不必多言，不过，也是一部不寻常之作。其中大多数内容都属于编纂性质。司马迁对自己见识过的古旧文献实施辑要，并对叙史语言实施了一定程度的当代化处理，不过，他在相当程度上将传闻之事接纳下来。传说和真相混合一体，这

---

① 关于修昔底德，参见芬利的敏锐评述，见，M. I. Finley, *The Greek Historians* (1959), 7-14：“悖论之处在于，要将意义赋予历史，他 [修昔底德] 就得抛弃历史。”也可参见，A. Momigliano, "Time in Ancient Historiography", *History and Theory* (Wesleyan University Press, Middletown, 1966), Beiheft 6, 11-12, 以及 M. I. Finley, "Myth, Memory and History", *History and Theory* (1964-65), iv, 299。

一点在王公、高官、圣贤以及绿林好汉列传当中体现得最为明显,此类传记在这部史书当中占据相当大的篇幅。不过,司马迁时常也显现出对于达成历史真相之难度的敏锐意识。另一方面,他会将一些根本就不具备可能性的详尽对话场景记载下来,并且没有表示丝毫怀疑。此类记载都已经是袭承下来的东西,并且也都深深地沉淀在他的历史叙事当中。这本非凡的史书,就其整体情状而言,将年代记、评传以及音乐、天文、灌溉、仪式、祭祀以及历法方面的评述融为一体,因此跟我们所谓的历史很难扯上关系。从很多方面来看,这都是一部官员手册,是在向官员们讲述过去。《史记》传递出大量的信息,这些信息展示出道德生活的愿望与现实进程之间的互相作用。这其中并没有我们所说的那种历史**批判**元素,确切地说,司马迁无意去认识古今时代的差异。司马迁所关心的,是展示出人一旦背离上天令谕以及道德准则,将会招致怎样的后果,其具体做法就是从过去征引事例予以呈现。他希望借此表明,即便是皇帝,倘若背离了孔子的原则实施统治,也将会丧失天命。对司马迁来说,过去是一种道德坐标,是借由事例展现出来的更高真理,是伦理准则之例证,而非用于剖析的素材。他致力于保存的记载和事件,是此类示例性质的东西,至于这些素材在时间中的位置、编年语境,则不是他特别关心的。这部史书极为博大且极具价值,不过,与其说那是历史叙事,倒不如说是道德叙事。①

---

① 关于司马迁,参见 C. P. Fitzgerald, *China* (3rd ed., 1961), 208-17; E. Chavannes, *Les Mémoires Historiques de Se-ma Ts'ien* (5 vols., Paris, 1895-1905); *The Records of the Grand Historian of China*, trans. Burton Watson (2 vols., New York, 1961); Burton Watson, Ssu-ma Chi'en, *Grand Historian of China* (New York, 1958), particularly chaps. iii, iv and v; A. F. P. Hulsewé, "Notes on the Historiography of the Han Period", in *Historical Writing on the Peoples of Asia: Historians of China and Japan,* ed. W. G. Beasley and E. G. Pulleyblank (Oxford, 1961).

不妨再看看李维或者塔西佗，他们也是一样的情形。在他们这里，历史就是教化，植根于想象和道德领域的真相，较之真实史料之准确性，较之原始文献，都更重要。当然，李维和塔西佗并不蔑视精确性，尤其是塔西佗，不过，他们真正关心的是私人德性和公共道德。他们的目的是去揭示究竟是怎样的品质令罗马赢得此等权势，又是怎样的弱点令罗马沦落耻辱境地。这些古代史家是运用过去的材料，来探索自己关心的问题，问题的核心锚定于人或者社会的道德品性。除此之外，这些史家的作品中暗自蕴涵了超自然力量之宿命式的介入，这在希罗多德和李维的作品中尤其突出。尽管修昔底德和塔西佗的作品当中，此一情状并没有那么突出，但也都不难见证。此类超自然力量通常都植根于诸神对人类生活的干预。① 人类必须考虑此类力量，尽管人类能否予以规避，实在是难料之事。此外，神也可能反复无常。此番情境不仅适用于中国的这些极为明辨的史家，对这些史家来说，历史是为了印证倘若天子背离诫命，王朝将会遭遇何等灾难。此番情境同样也适用于原始维京人的吟游诗人。在维京史诗中，

---

① 在中国史撰当中，神灵距离人类生活是无限遥远的；"天命"这一激励准则是伦理性质的，而且也是恒常的。中国史家对过去之运用，是沿着司马迁开拓的路线展开的，尽管其运用范围一度遭到很大限制。在中国，历代史官在修撰前朝史的时候，往往都尽可能地贴近事实真相，不过，通常也都是意在借此展示出前朝天子是如何丧失天命和新朝皇帝又是如何赢得天命的。后来的中国历史学家意识到了此种修史方法的狭隘，他们意识到有必要抛开王朝更迭，转而去追索制度发展进程。结果，就史家意图所能允许的范围之内，后来的史学作品日益精细，但是其意图仍然是道德性质和教化性质的，就如同最优秀的史学家司马光那部伟大史书的标题所示："资治通鉴"。此一标题是宋神宗所赐。直到近现代，此一简明扼要的标题契合大量的历史作品的，无论西方史学还是东方史学都是如此。

神灵和魔鬼在历史人物的生活当中进进出出，令史诗笼罩了一层悲剧性的宿命感，以及身陷时间当中的人类的无望感和无助感。在这类史家的作品中，过去幻化成为一种心理现实，为社会目的效劳，借以强调勇敢、忍耐、力量、忠诚以及慨然赴死这样的德性。实际上，史诗或者传奇叙事，是活着的过去，而不是历史，即便史诗或者传奇叙事之素材核心取材于现实。尼雅尔和"深思者"艾于德也许都是真实的历史人物，不过，这一点对传奇叙事的创制者来说，完全是无关紧要的。对他们来说，真正重要的是这些人物在生命当中承载的那种厄运缠身、滴着鲜血的故事，正是这样的故事才得以将那种对真相的最为深沉的感受，传输给冰岛孤寂峡谷当中以及格陵兰荒芜海滩之上这些与世隔绝的水手和农夫。对传奇叙事的创制者来说，过去一定是真实的、活着的，如同魅影重重的风疾速掠过一样，也如同星体的引力那般确定无疑。过去以这样的方式活着，那么时间又是什么呢？对传奇叙事的创制者来说，时间已然是无足轻重的东西了；一代又一代过去了，格雷迪尔，如同奥德修斯一样，一直都在满足着人类和社会的需求，既展示着人性，也宣扬着社会所需要的德性。在希腊世界，过去如同在古斯堪的纳维亚人或者撒克逊人当中一样，都是活着的实体，是社会必需之物。"每年，神话英雄都会在重大宗教庆典活动的悲剧和合唱团颂诗当中出场，他们为听众再造了一张缜密的大网，将全部的生活领域尽数包容其中，令人的生活得以跨越一代又一代人，向后伸展，进抵诸神之源头……所有这一切都是严肃且真实的，真实得不能再真实了。"[1]

---

[1] Finley, "Myth, Memory and History", loc. cit. 283.

一旦历史同神话和传奇叙事无可拆解地融合在一起，历史的价值也就既是社会性质的，也是个人性质的。希腊听众，会在街道的角落里倾听希罗多德朗诵自己的作品，① 或者安静地坐下来观看索福克勒斯的悲剧，或者就是参加狄俄尼索斯节，很显然，希腊人将围绕人类命运和诸神本性问题建立起来的这些解释，视为真理和真相。自从人类对自身之地位产生意识之后，人类就一直都在追寻时间的意义，尤其是当时间同自身产生关联的时候，诸如出生、成长和死亡等等。正是这一点，而不是什么好奇心，才令人类同过去有了最早的接触，同时也为传奇叙事、神话、英雄以及诸神在人类内心铺垫了深沉的情感基础，无论那些英雄和神灵是邪恶还是友善。人类对过去的全部关切，正是植根于此，无论是中国人、希腊人、埃及人、古斯堪的纳维亚人、印度人还是犹太人，都是如此。不难想见，人类在此一追寻过程中得到的答案，如同德尔斐神谕那般神秘含混，但是这样的答案也总是会击中人类的恐惧和希望。无论从哪个角度观察早期社会，观察者都会因为深深笼罩在宿命感当中的过去感到震惊，而这样的过去是人类为自己铸造的。尼雅尔被活活烧死，格雷迪尔那用盐腌制了的脑袋被扔在母亲的脚下，俄狄浦斯瞎了眼睛，普罗米修斯遭受永恒的折磨，亚当和夏娃被逐出伊甸园，亚伯被自己的兄弟该隐杀害。人们都知道无辜者会遭难，慷慨之人会陷入悲剧。② 并非一切都是机缘、苦难以及无常；毕竟，格雷迪尔的谋杀者托尔比约恩·安格尔最终遭到

---

① Anthony Andrewes, *The Greeks* (1967), 264.

② 在这方面，中国和其他社会是存在差异的，此一差异是相当重要的。历史，即便在中国最为古老的时代，都是围绕王朝展开的，上天之惩罚通常都被归因于人的软弱、自私以及不道德。在中国的早期历史文献当中，极少出现人的末日审判及反复无常的神灵。

了应得的报应;格雷迪尔的兄弟将他的脑袋切为两半,而格雷迪尔的兄弟尽管与人有奸情,最终还是赢得了一名富有且美貌的拜占庭贵妇。得到教会赦免之后,他也得以在神圣光环中死去。善有善报,恶有恶报,过不掩功。而且,有一些神话是充满欢喜的,很多神话则是充满希望的。于是,过去便幻化为生活的舞台。

当然,过去也同那些致力于就人类对出生、死亡以及无尽的世代变迁之关切给出答案的宗教,极为深沉地交织在一起。此外,宗教仪式当中对过去的解释或者运用,无论是洗礼还是祭祖,于社会之稳定而言,都是至关重要的,因此,对统治体制来说,也是至关重要的。早期社会的一切统治体制,都不会希望在不积极运用过去的前提下展开统治;因此,远古埃及和苏美尔便诞生了国家宗教。大多数宗教都致力于驯服时间,办法则是对过去之性质予以阐释,据此令民众安然接受农业生活的重负。过去于等级社会中的上层群体是有着十足分量的,比如国王、皇帝、法老、僭主、执政官或者护民官以及高级祭司等等。对这些阶层来说,在有记载以来的大部分时间里,过去都有着非同寻常的重要性。但是,农民、旷野里的工人、陋室里操劳的工匠,他们所关心的仅仅是不远的过去,是他们自己的祖先、自己的神灵,通常这些就是同他们的生活密切相关的东西。对他们来说,所谓时间,不过是指自己终有一死。

统治阶层运用过去来解释人的复杂命运,借此同自身的境遇形成调和,接纳无可避免的时间过程,或者说是学会借由过去提供的范例去克服死亡。不过,统治阶层除了这些以外,还需要过去提供其他的效能。① 所有统治者都需要对过去施加某种解释,以此为自己的统治权威提供支撑或者证明,祭司和官员通常也都需要对过去进行解释,借此将王朝变迁以及世事之低落这样的历史境遇,同一个培育出来的一般性的解释模式,调适起来。前文已经陈明,中国的圣贤和史家是借由天命观念来解释王朝更迭这一历史现象的。也正是因此,这些人手中的过去诞生了一个又一个的范例,表明出身一般的人也可以依托自身的德性和谋略成为天命所归,成为天子,成为中华帝国的最高祭司兼君王。然而,他们的继承者则会在智慧上有所衰减,并日趋放纵,对先人的范例不再秉持应有的敬重,最终因此失去了上天的支持。王朝随即坍塌并遭到取代。一旦天意征兆得到明确,为新王效劳也就不能说是不忠或者背叛了,因为新王显然是得到了中国先祖的神灵的祝福。此一观念为中华帝国的王位灌注了道德上的连续性,汉人和蒙古入侵势力都在争夺这个王位。此一观念甚至也可以接纳时不时降临的乱世情境,依据这样的观念,所谓乱世是可以容忍的,毕竟,天命尚未明确。围绕天命概念,中国人逐渐积聚起大量的历史考察,这些考察都是相当精确的,涉及饥荒、洪水以及经济衰落等等,说白了,这些都被视为天命之征兆或者迹象。中国的圣贤对过去的运用是极为精细的,远非上述的历史观察所能涵盖,据此,中国的圣贤便得以将一种秩序感和恒久性赋予他们的那个世界。在他们的社会当中,过去之社会诉求是一以贯之的,而且也是日常性质的。但是,其本质在于天

---

① 埃及《亡灵书》当中展示的埃及人对过去的看法,就特别能说明这一点。在《亡灵书》当中,亡者被视为神灵(也就是奥西里斯),这个神灵就曾经克服过死亡:S. G. F. Brandon, *History, Time and Deity* (Manchester, 1965), 22-23, 78-79。

命观念，确切地说，此一观念是要在一个充满政治变迁的世界里，确保社会服从以及社会连续性。

为社会目的而运用过去，此一情状在人类有记载的所有早期文明当中都是存在的。在这些文明当中，过去给权威和地位提供合法性。这也就是为什么一些社会当中最早的历史记载是那种原始的王表。巴勒莫石碑（很可能诞生于公元前 2500 年前后）将法老体制溯源于前王朝时代，这座石碑记载了各个法老统治期内的标志性事件，同样也记载了尼罗河每年泛滥之时的水面高度。① 这当然不是远古之人的好古倾向催生的作品，也不会是为了满足智识上的好奇心。此类王表意在向王朝体制灌注一种无限延续性的意识，将王朝溯源于神灵，并将埃及生活中最为核心的事件，也就是尼罗河的泛滥也融入这个借由过去建立起来的漫长链条当中。孟菲斯祭司的那个著名世系也是类似的情形，这个世系从公元前 750 年一直追溯到公元前 2100 年，孟菲斯祭司们据此建立了一个六十代人的世系名录，以父子相传的形式绵延下来，其社会效用则同王表是一样的。② 此举就是在运用过去所承载的压倒性权威，来提升世系中人的地位。希伯来人也是一样的情形；

---

① *The Idea of History in the Ancient Near East,* ed. Robert C. Dentan (Yale University Press, New Haven, 1955), 6 ff.，其中，勒德洛·布尔对另外一些埃及王表进行了讨论。

② Brandon, *History, Time and Deity,* 66 ff. 布兰顿在此急于反驳埃里亚德教授的"永恒轮回"理论，因此它未能就此类纪念物的社会效用展开探讨，而且在我看来，他简单地将此类纪念物视为埃及人好古倾向的表示，此一看法很可能是个时代错误。舍易斯王朝时期（公元前 663 年到公元前 525 年）的艺术作品存在明显的崇古倾向，不过，此一艺术倾向应当和王表一样，是致力于同样的社会效能，确切地说，就是将当前王朝以可见的方式同过去之恢宏联结起来，由此强化当前王朝的权威。十八世纪的英格兰绅士们也正是出于同样的衷情而建造了他们称之为帕拉第奥的宫殿，并自称奥古斯都人。相形之下，劳工阶层无论修建什么，其诉求都是严格意义上的当代性质的。

《历代记》的开篇章节充斥了此类看起来像没有穷尽的世系年表,并借由此类世系年表,将当期王朝同遥远的祖先勾连起来。这样的关系格局是蕴涵了魔力的,出身此类世系的人,借由此一关联,可以令自身之权威和地位获得认可。苏美尔王表也是类似的功能,借由此类王表,国王们便可以跨越时间,同神灵联系起来,柏拉图时代的雅典贵族阶层也盛行此一习惯。古代中国的封建贵族以类似的方式运用过去的,他们将原始的丰收仪式改造为祖先崇拜仪式,并将农民阶层严格地排除在此类仪式之外。① 劳作者和祖先并无接合之处,也没有接合之机。神话,通常是震慑性的神话,是劳作者的食粮;那仪式中的过去,则是统治阶层的专属。

统治阶层和财富阶层操控过去,并将农民和劳工排除在外,此一情状在有记载的全部历史时代是相当广泛的。② 世系之于社会的此种权威诉求,在历史学家那里倒没有得到太多的强调。对过去的此种运

---

① Fitzgerald, *China*, 44-45:"在古代和封建时期,祖先崇拜专属于贵族宗族。生活方式和婚姻体制把农民阶层同贵族阶层隔离开来,因此,农民不搞祖先崇拜仪式。"

② "世系是十二世纪中叶撒克逊历史学家最关心的,由此催生了'撒克逊年表制作人'";K. Leyser, "The German Aristocracy in the Early Middle Ages",*Past and Present*, no. 41 (Dec. 1968), 52。这篇文章相当有意思而且也相当敏锐,在文中,赖塞尔指出,十世纪和十一世纪的历史撰人,通常都出身修道院、教堂以及宫廷,贵族是这些作家的真正关切所在,他们的文本中基本上见不到其他阶层的影子。"他们都认定,贵族自然是优秀的,优秀是天生的。"同上,第27页。正是因此,修道院编年家们都热衷于将各个世系之缘起溯源于君王、王子、权贵,实在不行,就溯源于贵族,这不免令人回想起荷马将他笔下英雄的世系溯源于诸神,传奇叙事的创制者们将世系之缘起植根于瓦尔哈拉殿堂。在所有统治阶层的意识形态当中,对于过去的这种人身所有权体制重视,历来都是一个至关重要的环节。

用也并非仅限于古代。都铎王朝的编年家们,诸如法比安、哈尔、霍林谢德、巴克等人,也都热衷于为都铎王朝建立一个连绵不断的王朝世系,这方面的热情丝毫不逊色于当年的苏美尔人。都铎时期的这批史家建立了一条迅捷且明确的脉络,将这个王朝同诺曼征服、同阿尔弗雷德、同传说中的卢德联结起来,而且,他们并非仅止于此;他们还借由这个脉络,将都铎王朝溯源于大卫王和耶西家族,甚至溯源于亚当。此类世系就社会目的而言,同苏美尔王表或者《历代记》中的年表,并无不同。

不仅仅是君王、法老以及高级祭司需要来自古老世系的权威支撑。一切的贵族阶层,也都非常明显地奉行世系崇拜,借此来支撑他们的特权地位。这一点相当有意思,甚至多多少少令人感到吃惊,世系狂热的爆发,通常会在新阶层崛起之时,在一个新的群体尝试着融入古老的贵族阶层之时,或者是古老的统治阶层感受到了来自新贵族阶层的威胁之时。1550年到1650年之间的英格兰就出现了这样的情形,当时的英格兰同时涌现了这三种元素,此种境遇催生的世系崇拜热潮是相当剧烈的。① "……早在1577年的时候,埃塞克斯伯爵沃尔

---

① 参见, Michael Maclagen, "Genealogy and Heraldry in the Sixteenth and Seventeenth Centuries", in *English Historical Scholarship in the Sixteenth and Seventeenth Centuries*, ed. Levi Fox (Oxford, 1956), 31-48; G. D. Squibb, *The High Court of Chivalry* (Oxford, 1959)。1555年,纹章院从玛丽女王那里得到一项新的特许状,据此,士绅阶层可以更为迅捷地获得贵族纹章。伪造世系和纹章之事非常普遍。1557年的时候,一个臭名昭著的纹章供应者威廉·道金斯因为滥发纹章而失去了一只耳朵,二十年后,此人再次因为类似的罪行受到指控。贵族,当然还有纯粹士绅阶层出身的人,对祖先的世系几乎达到了偶像崇拜的程度。道尔摩斯家族修筑了一座相当壮观的纪念碑,借此展示他们的家族纹章,总共有二十四面盾牌;其中有八面盾牌很可能是为此一纪念碑而凭空捏造的。

特就吹嘘自己的纹章拥有五十五个小格,由此可见,英格兰显然已经陷入贵族纹章狂热当中,其最极端的时刻是在十八世纪结束的时候,当时,格兰维尔家族位于斯托的哥特式图书馆的天花板上,竟然展示了七百一十九个纹章小格。"① 一旦对过去之效用产生了紧迫的需求,真相就会大打折扣。伊丽莎白时代的大多数真正的贵族世系在经历了一代人的时光之后,都趋于消失了,要不就是被人遗忘了,甚至有的家族沦落为佃农,此一进程也驱使人们纷纷伪造中世纪纹章,私刻古老印章并大摆家世派头。伯利勋爵,出身威尔士一个很普通的家族,却也将自身的世系溯源于忏悔者爱德华的时代;还有一些出身比他好些的人,则将自己的世系溯源于查理曼、罗马执政官,甚至溯源于特洛伊人。在这场世系狂热中,波帕姆家族也不甘示弱,这个家族非常不检点地将一只方舟印刻在家族图谱之上。② 然而,这一切都不是玩笑,不是游戏,也不是纯粹的狂想;纹章和谱系都有着至关重要的效能。倘若能够制作出一幅伟大的世系图,那么其效能也就跟塞斯一世在阿比多斯那座伟大碑刻是完全一样的,那座石碑所展示的场景是塞斯一世正在对自身世系的七十六个先祖进行朝拜(当然,

---

① Lawrence Stone, *The Crisis of the Aristocracy*, 1558-1641 (1965), 25.

② Ibid. 23. Maclagen, op. cit. 38。也可参见, Sir Anthony Wagner, *English Genealogy* (Oxford, 1960); F. Smith Fussner, *The Historical Revolution* (1962), 42-44。J.H. 朗德对此类世系狂热进行了尽情地嘲讽,见, J. H. Round, *Family Origins and Other Studies*, ed. W. Page (1930), 不过,朗德似乎也忽略了对过去实施的这种人格化的意象展现,是一种本质上的属人需求和阶层需求,而且这背后有着强大的社会动因。诺曼人、撒克逊人、罗马人或者特洛伊人之于伊丽莎白时代的英格兰人,就如同普里阿摩斯、赫克托耳或者阿喀琉斯之于古代希腊人那样,或者说,也正如同高卢和查理曼之于路易十四宫廷中的贵族一样。

其中一些异端人物是遭到了清除的，诸如阿肯那吞及其追随者，还有就是一些成功的入侵者，诸如西克索斯人等等）。由此可见，权能越是趋于衰落，权能本身就越是需要得到确认。① 对塞斯一世来说如此，对伯利勋爵一世来说，也是如此。类似的世系热潮也席卷了 1880 年代和 1890 年代的美国，此一时期，众多新英格兰人都陷入了此一世系热潮当中，尽管热度没那么强烈。② 此一时期，新近抵达美国的人，面对温斯罗普家族、卡波特家族以及另外一些稍微逊色的家族，不免自惭形秽，因为这些名门望族都能够将自身之世系溯源到首批清教徒，甚至更为久远，因此，后来者需要分享过去，以便支撑新的社会地位和权威。可惜的是，并没有美国纹章院这样的机构来满足他们的需求，也没有嘉德王家纹章官可以贿赂，当然也没有蓝斗篷纹章官可供收买，不过，纽约公共图书馆倒是在这方面发挥出最大的效用，这里拥有最为庞大的世系资料；世系家们遂在此终日劳作，并且他们也赋有跟都铎前辈一样对历史精确性的意识，当年的都铎前辈在欧洲各大档案馆搜寻资料。此一工作令苏格兰各个宗族重新焕发生机，生产苏格兰裙由此成为一项产业，随之而来的祖先崇拜（倘若依据中国人的标准来衡量，当然相形见绌）但也在美国获得了一定程度的尊重。借由这么一个溯源进程，过去获得了众多用途，不过，世系之力量，和过去之众多用途一样，都不免归于衰落，过去一

---

① Dentan (ed.), *The Idea of History in the Ancient Near East*, 8。布兰顿的作品中给出了这座浮雕的插图，见，Brandon, *History, Time and Deity*, plate x。

② J. H. Plumb, "The Historians' Dilemma", in *The Crisis in the Humanities*, ed. J. H. Plumb (1964), 40.

度是社会权威和政治权威之本质要素，随后才逐渐沦为势利小人手中的玩物，要不就沦为纯粹的民族主义执念。① 这可以说是过去之权能归于衰落的最早迹象，显然，从中不难见出，过去之古老力量正在开始丧失其属人的和社会的内容，不过，这肯定不会是最后的迹象。如果说世系工作作为一项职业技艺仍然是活跃且有用的，或者说仍然可以作为风雅之辈和好古之徒手中无害的消遣活动而得到有效存续的话，② 那么也可以说，世系已然丧失了社会效能。也正是此一情境，令人们低估了世系在早期社会的能量，同时也未能意识到，此等能量是一直伸展到近现代的。③ 人们并不会因为纯粹的奇思异想，为自己的房屋、马车、墓冢建立纹章体系，也不会仅仅为了个人的炫耀或满足，在壁刻之上描绘详细的族谱，或者花上大笔的钱财伪造此类族谱。古老地位的此类外在象征，是切实需要的，唯有如此，才能令

---

① 不过，有一种世系诉求以悖论方式逆转了此一历史进程，确切地说，摩门教观念中的过去并非用来为当前灌注荣耀和权威，相反，摩门教之追寻谱系，是为了借由追溯性质的洗礼，将荣耀赐予亡者。世系力量之最强有力展示莫过于盐湖城了，盐湖城居民对家族世系的看护可谓精心备至，丝毫不逊色于埃及人对待法老王的木乃伊。盐湖城居民将世系材料深藏在石穴当中，此类洞穴是可以抵御原子弹的威力的。

② 谱系工作在人口统计学的新近发展中，证明是有着非同寻常的效用，人口统计学的这些发展起源于皮埃尔·古伯特的作品，见 *Le Beauvais et le Beauvaisis de 1600 à 1730*，by Pierre Goubert (2 vols., Paris, 1960)。也可参见, 'Daedalus', *Journal of the American Academy of Arts and Science*, vol. 97, no. 2 (1968)。

③ 不管怎么说，时间是有其界限的，这就令世系获得了额外的力量和合理性。创世行动并没有那么久远，确切地说，是公元前4004年的事情。社会中间阶层对世系之愚蠢展开的普遍攻击，也只是发端于十九世纪。"少数几个家族的诺曼世系主张，实在是无聊的虚荣……即便仅仅回溯二十代人，算起来，一个人也会拥有一百三十万零八百九十六个祖父母、曾祖父母、曾曾祖父母、曾曾曾祖父母等等，不一而足。"Rev. F. W. Farrar, *The People of England* (n.d.), 35。

盲信盲从的民众在内心留下烙印。让民众以为他们的权威是得到了时间本身的赐福的。

如果说王表、世系之类的东西同有记载的历史一样古老，同最初的创世故事一样古老，同神话时代的神、人以及英雄故事同样古老，并且，此类故事于所有社会而言，都意味着活着的过去，都意味着人类生存的坐标，那么年代记也是一样的情形。将世系溯源于神灵，当然能够对君王、贵族以及祭祀的权威形成确认，不过，对于一个建基于威权，并且致力于领土和权力扩张的专制王国来说，这是不够的。国家间的权力斗争早在有记载的历史时代的黎明期就已经现出水面了，比如上埃及和下埃及之间、比如幼发拉底河三角洲地带的乌尔和拉格什之间，比如黄河流域的商朝和周朝之间，都出现了权力斗争的格局。此等境遇之下，不可避免地会催生朝代更迭、城市权力此起彼落的历史现象，王朝更迭，城市兴衰，也令诸神的地位不断地变化。在这个进程当中，各个祭司家族和权贵家族，尽管有着如同创世那般古老族谱的赐福，也都难免归于殒殁。命运的车轮以狂野态势碾压而过；此番情状是需要解释的，除非权威本身已经是岌岌可危了。过去是一座精巧的纸牌屋性质的东西，现在则据此展示出一以贯之的颠覆力量。不过，权力需要合法性，倘若权力并非建基于人们的同意，倘若权力本身是专制或者寡头形态，那就必然需要证明和支撑，专制体制和寡头体制有三种办法可供选择：宗教、哲学和过去，当然，通常情况下都是三者混用的。

有些社会很轻易地便解决了这个问题。苏美尔人、阿卡德人和亚述人否认灵魂不朽，他们认为唯有神灵才是不朽的，因此，国家遭遇的一切灾难和动荡都可以解释为因冒犯神灵而起。[1]然而，即便是这样，这些族群的编年家们仍然面临的一些问题是无法化解的。巴比伦的护佑之神马都克，肯定不是万神殿中的至高神灵，但是，巴比伦人最终却征服了众城。对此，巴比伦人也是依托简单的说服模式来化解这些根本问题的。没有神灵是万能的。诸神也经常发生争斗，并且彼此都互有胜败，即便他们都不能杀死彼此。因此，诸神护佑之下的各个城市，也就成为诸神斗争的尘世镜像。然而，即便是这样的解释，尘世君王和诸神之间的关系问题也依然是极为复杂的。尘世君王绝对不能犯下冒犯神灵之罪，甚至连这方面的想法都不能有。城市之护佑神灵，尤其是主要城市的护佑之神，对此必定是有清晰意识的。因此，对一个尘世君王来说，就要维持同神灵的古老契约，这一点至关重要，此一契约可能是先王立定的。同样重要的是，君王之行为应当让诸神知晓，借此避免在君王之意图问题上发生错误。因此也就需要编年，需要年代记，需要类似于亚述君王在诸神面前立下的那些文字。于此，过去便恒久地融入了现在，于此，一切用于尊奉过去的东西、碑文、铭文、记录等，都幻化为至关重要的统治武器，不仅用来确保君王的权威，也用来确保其权力借由君王得到表征和赐福的群体的权威。目的其实很简单，就是维系权威，这并不复杂，而且也正是此一目的，塑造了相关的解释；依据此类解释，失败是因为轻慢神灵而招致的惩罚；一旦轻慢了神灵，就会招致众叛亲离，就如同神灵尼

---

[1] "以神灵之怒作为理据来解释历史变迁，此一旨趣纵贯于美索不达米亚史学当中。" E. A. Speiser, "Ancient Mesopotamia", in Dentan (ed.), *The Idea of History in the Ancient Near East,* 57。

多巴对拉格什城所做的那样。在这样的世界当中,失败者总是邪恶的一方,胜利者总是正直的一方。对过去的运用,恐怕没有比这更简洁明了的了。不过,简单是简单,倒也绝不至于伤及解释本身的民众接纳度。显然,此类历史解释范式也难免随着时代而归于苍老,公元前539年,当巴比伦遭遇被征服的厄运之时,居鲁士运用的就是此种解释范式。此一解释范式在应对过去之时,的确显得原始,然而,也正是这样的解释范式,变幻了种种形态,其效能延续了很多个世纪,甚至数千年之久。直到最近,年代记历史依托圣徒传记以及人物传记的形态,依然主导着人们对过去的解释和运用。的确,神灵之介入已经日益向后台隐没,不过,年代记的一般性目的,无论是李维、塔西佗撰写的那种年代记,还是中国古代圣贤、巴克、霍林谢德、法比安、麦考莱、班克罗夫特或者斯塔布斯主教撰写的那种年代记,则是不变的,所有这些年代记的根本诉求都是一样的,那就是强化统治权威,并为之效劳。灾难、挫折、失败、阴谋和叛乱,这一切的一切阴暗元素都是可以在过去叙事当中予以容纳的,只要最终的结果是正确的。不过,很显然,随着社会日趋复杂,社会之传承日趋精细,阶层结构日趋多样化,社会和政治权力之源泉也日趋多样化,此种历史境遇之下,年代记作家们也就不得不面临更加难以应对的问题,要化解此类问题,需要更为强大的历史叙事能力,而非历史剖析能力。塔西佗的《年代记》和《历史》同旧约《历代记》之间的差别,初看起来是极为显著的;塔西佗的作品是高度精细的,旧约《年代记》则是极为简单的。然而,二者的诉求是一样的。正如休·劳埃德-琼斯提醒的那样:"一切古代史,甚至可以说,一切历史,都是寡头统治的历史。"① 不过，问题并非仅止于此；正如同塔西佗的《年代记》和《历史》一样，历史素来涵养着对国家权威的证成。那种对权力和权威之根基展开批判的历史，当然有别于那种就人类对过去之运用方式实施批判的历史，不过，在人类社会史上，前一种历史在近现代才出现。围绕特定族群、民族或者共同体的大事件建立历史叙事，据此为权威提供证成，据此创造信心并确保社会稳定，此种运用过去的方式，铸就了一个庞大且复杂的观念体系，此一观念体系过于庞杂，在此没有必要予以详述。在此，我只是希望将此一庞大观念体系的一项特质呈现出来。在这个问题上，之所以用到古代美索不达米亚史学这一范例，是因为其简单且鲜明的形态，这就如同鸟类或者动物的骨架一般，能够将最为显著的特征展现出来。显然，古往今来所有拥有阅读能力的社会，都在为着同样的根本目的，需要对过去展开解释。说白了，在迄今为止的一切社会，过去都是权威的仆从。

因此也就毫不奇怪，一旦世俗权威或者古老信仰处于冲突之中，就会催生巨大的社会危机，巨大的社会危机则会催生大批的历史撰述，当然也会催生大量的历史论辩。战场上的各方都代表了一个版本的过去，各个版本的过去也追随各方势力进入战场厮杀。倘若教会权

---

① Tacitus, *the Annals and the Histories*, ed. and abridged by Hugh Lloyd-Jones (1966), xxxviii. 丹尼尔·赫恩西乌斯（Daniel Hensius）在十七世纪早期就已经表述过类似的看法："倘若历史学系没有教授阶层，倘若所有的大学都关闭了，历史也总是能够在王公贵族当中登堂入室，收获荣宠，也总是能够进入君王和王子的内廷。"引自，*The Value of History*, trans. G. W.Robinson (Cambridge, Mass., 1943), by Donald R. Kelley, "Historia Integra: Francois Baudouin and his Conception of History", *Journal of the History of Ideas*, xxv (1964), 35-39。

能以及政治权能沦为各方争夺的战场，也将是一样的情形。公元三世纪和四世纪的时候，历史文献大量涌出，当时，正值基督教最终取代异教成为国教之时，这可以说是一场巨大的动荡，从根本上改变了差不多已经维系了千年之久的文化气候。① 后来便是宗教改革和反宗教改革运动，令历史撰述和历史讨论的数量急速增加；的确，也正是在此时，历史第一次被认为是副修学科。② 在此，不妨举一个更具地方性的例子，十七世纪英格兰的政治斗争差不多将整个统治阶层都卷入历史研究的潮流当中。③ 尽管这两段时期对于真正意义上的历史生长来说，有着非同寻常的催化力量，但是，此类冲突最终也都得到了化解，由此令历史研究活动退潮，同时也接纳了一种历史正统，发生在罗马帝国的那场冲突最终令圣奥古斯丁成为正统，发生在十七世纪英格兰的那场斗争，则最终令辉格党的英格兰史解释成为正统。在此类冲突时代，人们既是为争夺过去而战，也是为争夺现在而战。权威一旦创立出来，就必须有一个安稳且有效能的过去作为支撑。至少，此种情状一直延续到近现代。然而，也正如同世系和年代记的情形一样，这方面的需求似乎也逐渐归于衰减了，当然，此种历史类型的败因很可能要微妙很多；不过有一点是毫无疑问的，过去之控制权能正

---

① *The Conflict between Paganism and Christianity in the Fourth Century* (Oxford, 1963), ed. A. Momigliano, 79-99.

② Kelley, op. cit. 39-40："在新教德意志，历史甚至获得了更大的收益。特别是因为梅兰希顿的教育改革规划，一些大学开始设置历史教席，由此，历史不仅获得了同诗学平起平坐的地位，而且依据某些教育规划，历史的地位甚至提升到法律和神学那样的层次上。"

③ J. G. A. Pocock, *The Ancient Constitution and the Feudal Law* (Cambridge, 1957).

在削弱。① 至于我的这部作品，则可以说是第一次为垂死的过去正式敲响了丧钟。在这个问题上，只需要看一看辉格党之历史解释在英格兰的命运就可以了，此一历史解释模式的衰落，不仅仅是因为技术史学经常对之发起攻击，② 寡头体制之权能的衰落，也使得此一历史解释模式无法再满足统治阶层的社会需求，这也是其中的情由。的确，今天仍然能够见到此类历史解释模式。此一模式公开支持者是那些爱下断语的通俗史学家，诸如阿瑟·布莱恩特爵士之流，此人刚刚出版的作品以"新教岛国"为标题，一看即知，这是写给维多利亚时代英格兰公校的学童看的。③ 不过，对于操控着原子能量和计算机的新一代科学家和技术专家来说，所谓的过去不过是一场乡愁而已。过去在他们那里不可能具备社会效能；不能将目的意识赋予他们，也不可能为他们心目中的权威提供坐标，也不可能提供证成或者支撑，就像印度的过去可以为一个麦考莱式的人物或者英印帝国的统治精英提供权

---

① 十九世纪极为盛行就特定国家或者特定时代构筑多卷本的叙事性质的历史；的确，此种叙史形式很快便成为最流行的史撰方式，诸如米什莱、梯也尔、兰克、麦考莱、斯塔布斯、加迪纳、克留切夫斯基、班克罗夫特、亨利·亚当斯等人正是依托此种叙史方式建立了巨人声望，此处只是提及史学家的名字。然而，在十九世纪趋于结束的时候，叙事史进入了急速衰落的轨道，职业史学家不再尝试此等规模的鸿篇巨制了。多卷本的传记作品也经历了类似的衰落过程。显然，对此种史撰类型的需求也已经消散而去了。理查德·霍夫斯塔特就弗雷德里克·杰克逊·特纳对此一史学在美国的发展产生的影响，有过相当敏锐的评论，见，*The Progressive Historians* (New York, 1968), 73. 但不管怎么说，这是历史撰述领域出现的一个普遍现象。

② 此类攻击发端于赫伯特·巴特菲尔德于1931年问世的《辉格党的历史解释》一书，这本书的出版时间选在这一年可谓匠心独具，因为不列颠帝国也正是在这一年开始解体。第一枪响过之后，密集且迅猛的攻击浪潮便接踵而至，至今仍然在延续。

③ A. Bryant, *The Protestant Island* (1967).

威证成或者支撑那样。对这样的人物来说，过去的意义就如同宗教一样。法国也是同样的情形。尽管戴高乐极为关切法兰西的昔日荣耀，但无论如何，米什莱的时代已经结束了。随之一同消散的还有拿破仑的传奇以及那种信仰，那种信仰认定，法兰西的革命过去令法兰西在自由和平等事业中享有特殊权威。在希特勒的偏执与灾难之后，德意志的过去，也就是浪漫主义和黑格尔的过去，便已经丧失了希望，丧失了自我确证感，存留下来的唯有噩梦般的过去。在美国，仍然有大量的历史既是确证性质的，也是编年叙事性质的，尽管如此，即便在美国，历史境遇也已经演变得极具精神分裂症的特质。过去之意象，也许可以更确切地称之为美国意象，也就是所谓的希望之地、上帝面前人人平等以及政治自由、个人自由等不一而足，此类过去的意象，在面对黑人骚乱和越南战争的时候，也已经难以支撑既有的权威体制了。另一方面，美国之过去意象当中还有诸多元素，是非常契合当前时代的，但也已经不再发挥效用了。美利坚帝国主义借由战争和金融走上了稳步扩张的轨道，此一进程导致了领土扩张，墨西哥和西班牙则在此一进程中沦为牺牲品，同时也导致了拉丁美洲的大片区域沦落到经济被奴役的境地，此一扩张从未用一种作为一个整体的美国统治阶层予以认可的意识形态包装起来。[1] 天定命运的观念尽其所能地为战争、扩张以及压迫提供支撑，不过，此一观念却也不曾像当年的不列颠帝国那样能够如此地深入人心，实际上，不列颠帝国的统治阶层在十九世纪以及二十世纪早期，仍然是有能力运用他们的帝国式的过

---

[1] 参见，Robert L. Beisner, *Twelve Against Empire: The Anti-Imperialists, 1898-1900* (New York, 1968)。

去的。以此种方式运用过去,确切地说,就是以确证性质的年代记史学为社会结构及其统治者提供证成和支撑,此种做法也许还没有彻底死亡,不过也已经病入膏肓,至少在西方是这样的情形。说白了,过去激励着自己去达成某种未来,此种意识在西方的任何国家都已经消散殆尽了。对西方各国(而不是马克思主义的国家)来说,天定命运的观念已然伤痕累累,不过是政客们以及日趋衰老的统治者们的破败避难所而已,此一观念曾经涵养过的一切强有力的社会情感,如今已经迅速地干涸了。

然而,一旦过去已然同体制融合为一体,就不难想见其顽强的生命力。在种种的统治体制当中,无论是总统制还是君主制,无论是国会还是议会,传统和先例在其中仍然拥有力量。现代社会的统治阶层仍然需要过去,尽管已经不像法老需要王表那样,将这种需求展现得如此决绝。不过,即便是在此种历史境遇当中,传统、先例和习惯较之一代人之前的那段时期,也已经是江河日下了。统治体制更多地受制于当前而非过去,而且,还在更大的程度上受制于未来。即便法律也是一样的情形。案例和先例仍然有自己的角色,不过,那种认为习惯法有着自身的特殊美德的观念,如今已经基本上不再有人信从了。即便是教会,过去在其中的角色素来就是主导性的而且还是神圣的,对古老观念的关切度也已经大幅度削弱了。坎特伯雷大主教仍然会拥护罗马教皇;循道宗仍然会在圣保罗大教堂聚会。但是刑架和革出教门已然消失不见了。过去对教会统治体制及其行为的认同作用正在丧失效力。没错,在统治体制和信仰体制当中,惯性的力量较之社会管理和行为的力量更为强大,不过,有一点也是很明显的,即便在这些古老堡垒当中，过去之效能也归于衰亡了。墙体已经到处出现裂缝，过去对法律和信仰的认同作用已经不再像一代人之前的时候那般强大了。

然而，所谓过去，其效能不仅仅是用来提供证成和支撑，也用来提供教化。过去涵养了人们常说的智慧、道德以及梦想和安慰。统治阶层需要借由过去来强化自身的能量，同样也需要借由过去来抚慰被统治阶层。一切能识文断字之人都会时不时地诉诸过去，不仅仅是为了求取知识，更是为着所谓的人类真理。正是因此，从很早的时代开始，就发育出一种智慧文学，此一文学形式就是以过去为素材的。此种智慧文学不仅取积极形态，也取消极形态；确切地说，此种智慧文学，不仅为统治者、征服者、官僚以及信仰者而作，也为犬儒者、孤独者、失败者、感官主义者而作。因此，其典型表述形式可谓五花八门，诸如：

他们的位置（现在）在何方？
他们墙垣坍塌，地方难寻，
仿佛从未存在！
无人来自那个地方，
可以诉说他们的国家，
可以诉说他们的念望，
可以平静我们的心房。

或者：

> 从远古即已丧失永恒；
> 生存的和死去的，他们如此相似！
> 难道他们不构成一幅死亡的图景
> 当平民和贵族
> 接近命运的终点。

或者：

> 如果你想领略城的荒芜，就去那古老的地方，
> 看看那些头骨，后人与前人均在此埋葬。
> 哪个曾经助纣为虐，哪个又是德厚流光？

  第一部分诗节取自埃及的《琴师之歌》，可能作于公元前2000年前后，第二部分诗节取自《吉尔伽美什史诗》，是最早的苏美尔诗篇，第三部分诗节取自公元前8世纪的一份亚述诗篇。① 不妨顺着世纪时光而下，看一看东方的几个伟大文明，不难一而再再而三地发现同样这种对过去的应对方式，此种态度是极富教养也极为精致的，确切地说，依据此种态度，过去所能教授给世人的无非是一切皆是虚空，太阳底下没有新东西，及时行乐，莫负时光，不要提问，不要批判，顺天应人，接受镌刻在年代记的时光序列中的人类的悲惨命运。这就是过去，而且我们还会在比较隐晦的文本里遇到这样的命运，这不是民众的鸦片，而是敏感的知识分子的鸦片，这些人从来不曾为权力而

---

① 这几个诗节都转引自，Brandon, *History, Time and Deity*, 79-82。

斗争，或者曾从那样的斗争中归于山野，或者遭遇过权力沙场上的失败了。①

有时候，过去也会变得不仅仅是个体性乡愁之事。任何统治阶层均存在权力更迭的情况，失败者往往会对过去实施浪漫化，以此为他们失去的东西寻求弥补，这些群体往往会对时代的堕落和腐败展开谴责，但是他们又不得不生活在这样的时代当中。在此，只举两个例子就足以说明问题了。在十七世纪晚期和十八世纪早期的英格兰，权力

---

① 中国诗歌对此种历史意象之呈现是特别鲜明的：

徘徊丘垄间，依依昔人居。井灶有遗处，桑竹残朽株。借问采薪者，此人皆焉如？……一世异朝市，此语真不虚。人生似幻化，终当归空无。

陶潜(365-427), trans. William Acker, *Anthology of Chinese Literature*, ed. Cyril Birch (1967), 202。也可参见，魏文帝(188-227)的"步登北邙坂，遥望洛阳山"（作者应为曹植——译注），in Arthur Waley, *170 Chinese Poems* (1928), 60，以及盎格鲁-撒克逊诗篇中一个相当有意思的片段，亚瑟·威利对其中最后两行华彩诗句有着强烈的情感共鸣：

大地掌控着

王侯与劳工。

也可参见，C. J. Chi'en and Michael Bullock, *Poems of Solitude* (1960), particularly "The Ruined City"。

没有哪个统治阶层有能力为所有具有适合品性的成员提供一种赋有权力、行动和权威的生活，当然，通常情况下，统治阶层中总会有一部分成员并不适合这样的生活。因此，一种退隐哲学，一种最高意义上的化育人格的哲学，就总是有存在必要的，尤其是考虑到有众多不具备政治效能的人、不幸之人或者是遭到拒斥之人，这些人大都富有智识和悟性。对这些群体而说，过去以种种虚幻观念将现在笼罩起来，这样的过去是具备强大吸引力的。在所有奉行寡头体制的社会中，都存在一种敏感且极为动人的诗歌，这些诗歌运用过去来评说人性之虚荣。在某种意义上，可以说此一诗歌，是工人阶层当中的宗教原始主义的情感对等物，宗教原始主义之诉求就在于用一个天堂般的将来去弥补当下的困顿。在中国，官僚阶层当中经常会有大批颇有文学修养的人遭遇统治者的打击或者放逐，因此，对此种生活态度的需求也就变得相当强大了。

从一个有着强烈自我意识的等级体制转移到一个更为开放的世界，新世界是由大实业家、资本家、银行家和从事海外贸易的商人组成的；结果，失败者当中便发育出一种剧烈的乡愁意识，在这样一个浪漫化的英格兰，世人尊奉的是荣誉和地位，而非权力和金钱。这样一种态度伸展了数代人之久。在新英格兰也有类似的情况发生，确切地说，在新英格兰，移民群体中婆罗门阶层的仇恨，工业化和民主化进程的展开，都催生了对原始拓殖时代的崇拜，将正直、诚实、节俭、勤劳和粗犷的个性奉为圭臬，这些就是新英格兰早期拓殖者的品性；说白了，在新英格兰，同样也是乡愁化育出一种浪漫化的过去。过去往往被用来建立补偿机制，对诸多群体或者个人来说，过去为他们提供了梦想时间；的确，民族有时候也会在过去身上寻求安慰，尤其是那些被大民族消融的小民族，比如苏格兰人的浪漫崇拜，在此一崇拜当中，小王子查理以及苏格兰各个宗族都被理想化了。①

此种对待过去的消极态度，素来就是少数派的崇拜活动，这些群体相当敏感，遭到排斥，并退隐山野，他们也可能是统治阶层当中的失势者。统治阶层当中的多数派则持积极态度，并且是有目的诉求的，他们希望运用过去来灌输德性，这有助于创造国家所需的观念和态度，最重要的是提供德性典范。历史典范数不胜数，从最初的神灵，到史

---

① 参见, Isaac Kramnick, *Bolingbroke and His Circle: The Politics of Nostalgia in the Age of Walpole* (Harvard, 1968); Hofstadter, *The Progressive Historians*, 23,28, 其中可以看到帕克曼、菲斯克、迈克马斯特以及舒勒等保守史学家，对他们所生活的恐怖时代的评论。也可参见, Edward Saveth, *American Historians and European Immigrants* (New York, 1948)。F. R. 利维斯也是过去这一乌有之乡的另一个难民，他对十九世纪英格兰的描绘完全是浪漫派的，只不过为了满足人们的情感需求罢了。

诗英雄，再到普鲁塔克的社会上层的偶像，而后延展到亚瑟王及其骑士，至于宗教王国的圣徒和殉道者以及世俗世界倡导自由和革命的英雄人物，就更不用说了。① 人物传记时常被用来确证当前社会所需要的态度和道德，要么是以极为精微的方式，要么就是以最为直接的方式。此类范例有时候会用来为高贵目的效劳，有时候则为非常可耻的目的效劳。诺维奇的圣威廉在犹太人手中沦为无辜殉道者，遂幻化成为孩童圣徒，世人就是借由这样一个人物，一代又一代地来维系充满仇恨的反犹太主义。这并不仅仅是仇恨的问题，实际上，此举有助于解释社会挫败和个人灾难，因此也就有助于为社会挫败和个人灾难提供安慰，缓解因个人失败而招致的负担，将罪责归于某个替罪羊。另一方面，也会有加拉哈德爵士这样的人物，一个满载光环的巴亚尔骑士，无所畏惧，不惧非议；还有约伯这样一个人物，更为强韧、更为深刻，也更为决绝。对西方世界的智识群体来说，所谓过去，乃寓意了一批人物，这些智识群体借由传统和教育同这样一个过去联结起来；可以说，那是活跃的幽灵，恒久地寓居于他们的理智当中，由此焕发而出的影响力，人们是很难避开的。的确，这样一批人物，是此一浩瀚文学传统当中的一个组成部分，而且是一个相当强有力的组成部分，而此一文学传统在西方世界执掌天下达数个世纪之久。维多利亚时代的绅士，无论是美国还是英格兰，都会在家中朗诵《国王叙事诗》；加拉哈德、兰斯洛特、吉尼维尔以及亚瑟王本人，令这些绅士们魂牵梦

---

① 经历了成功的独立革命之后，美国也需要一个新的、自己的过去，有意思的是，面对此一需求，首先发展起来的是英雄传记，多卷本的编年史叙事很快便接续而来，美国历史学家们就是以此为出发点，进入二十世纪早期那个时代的。参见，Hofstadter, *The Progressive Historians*, particularly chap.1。

索，就如同他们的祖先在托马斯·马洛礼时代所做的那样。的确，西方意识形态最显著的一个方面就是对过去的这种如同吸血鬼一样的痴迷，并且是以人格化的方式呈现出来。十九世纪的人们在谈论约伯或者奥德修斯、喀提林或者西塞罗的时候，就仿佛这些人物就生活在昨天。仿佛这些人仍然活着，仿佛他们象征的境遇和行动都是活生生的现实，仿佛他们是德性或者邪恶的典范。显然，此类崇拜对象植根于一种活着的过去。至于他们在历史上的真实境况，那倒是无足轻重之事。也只有为数寥寥的几个职业史学家会去关心这些人物的历史背景，或者说希望将人物置于他们各自所属的时代和地点去理解，将他们视为特定的社会－政治境况的产物，而那样的社会-政治境况则早已经消失了。这些人物形成了西方寡头体系的万神殿；就如同苏美尔或者阿卡德的神灵一样，这些人物的命运也是千变万化，五彩纷呈的。谁会指望亚瑟王及其骑士们会在维多利亚时代体面的中产阶级商人阶层中复活；谁又会指望，孀居的女王也会倾心倾听她的桂冠诗人以悲悯之声去诵读兰斯洛特和吉尼维尔王后的故事？倘若西塞罗以忠诚公民之典范的身份突然现身十五世纪的佛罗伦萨，那会是何等怪异的场景。然而，倘若西塞罗真的现身了，那倒也绝不至于成为狂想。在世世代代的寡头体制当中，西塞罗一直都被奉为公民和政治德性的典范。① 当然，这座万神殿也经常接纳新神入驻。弗朗西斯·德雷克爵士正是据此成为新教英雄以及男子汉气概的典范，他的海盗行径、破产、偏执，世

---

① 关于西塞罗，参见，Hans Baron, *The Crisis of the Early Italian Renais-sance* (2 vols., Princeton, 1955)。年轻的罗伯特·沃波尔前往伊顿上学的时候，随身携带的唯一一位拉丁作家的作品便是西塞罗的；这些书是他的父亲给他的。至今，这些书仍然收藏在霍顿的罗伯特爵士图书馆，书页上到处都是明显的擦痕，说明沃波尔是经常翻阅这些作品的。

人则大方地遗忘了；乔治·华盛顿，其人性的一面差不多被完全抹去，并据此被奉为道德上的正直典范，一个刚正不阿之人，如同德雷克爵士一样，**获得了回报**——这一点才是真正重要的。最终，华盛顿便成为出类拔萃的道德典范。不难想见，就如同远古时期的诸神一样，这座万神殿也包含了邪恶居民、邪恶典范，殿中也有尼禄、朱利安以及博尔吉亚这样的人物。很自然地，每个民族都是自己去甄选德性范例和邪恶范例的；除了远古时期的英雄人物之外，此类范例很少有交集。时代的动荡以及统治阶层内部的权力变迁，令此类范例之分量和意义也不断变化和调整，是社会的需求创造了克伦威尔以及拿破仑式的范例，随着社会需求的变迁，此类人物典范也在时代潮流中载沉载浮，时而得宠，时而失宠。① 毫不奇怪，当失势者开始获得一种阶层意识并且也有能力表达自己的希望和绝望的时候，他们就会培育出自己的过去和自己的万神殿，罗宾汉、约翰·鲍尔、奈德·卢德就是众所周知的英国范例。不过，今日的西方世界，基本上没有人能够获选进入这座万神殿；也许会有那么一两个人可以在万神殿柱廊的地方待上一两年，诸如罗斯福、丘吉尔或者肯尼迪这样的人物，但是现代世界显然有着极高的批评意识，而且现代世界的知识量是巨大的，信息交流也极为迅疾，使得这类人物根本没有机会进入正门并获得神

---

① 关于人们对拿破仑这个人物典范的态度上的变化，参见，P. Geyl, *Napoleon: For and Against* (1949)。在这方面，有关克伦威尔的类似研究是极为匮乏的，不过，现在也已经展开了，参见，*Past and Present*, no. 40 (1968)，187-91。很自然地，克伦威尔和皮姆、汉普顿以及西德尼成为有着激进倾向的中产阶级下层的喜爱对象，也正是这个阶层成为十九世纪文学研究院和力学研究院的观众主体。

灵地位。当然，对待过去的此种态度，也就是将历史人物奉为道德或者社会典范，此种态度仍然是存在的，尤其是在历史教育的初级阶段或者是在那种大众性质的历史文学当中。不过，此种态度之衰落也是相当明显的，不妨看一看马洛礼的《亚瑟王之死》、丁尼生的《国王叙事诗》以及《卡米洛》，就足以说明问题了。此类作品已然从一种充溢着社会情感的神话叙事，转变为单纯的惬意小夜曲。历史学自身的生长发育，也逐渐对过去之效能实施了削弱、打击和摧毁。不过，历史学对过去作为一种社会力量之效能实施的打击和摧毁，这个问题请允许我留待后面的章节予以阐述。本章乃致力于探讨人们对过去的种种运用，并据此阐明，此类运用是否对当前世界具备此等效能。很显然，历史范例走上了跟年代记同样的路子。道德、政治行为以及公民德性如今都是在一般意义上加以叙述的，而非依托那种个体性质的或者纯然历史性质的叙事模式了。即便是历史教科书，通常都是最为保守的文学形式，如今也都加以重塑了；经济事实、社会观念以及非个体性质的种种力量，而非个体式的英雄人物，如今已然执掌了教育之天下。[①] 当然，英雄人物常常也都能存留下来，但一般而言，也都是在经历了历史批评之后，才存留下来。往日里没有时间设定的英雄人物，如今都获得了确切的时间境遇；在经历了催生此类英雄人物的种种历史力量的洗礼之后，其形象也没那么高大了。

不过，过去，在我们所知的一切有记载的历史时代，都拥有较之道德范例或者社会范例更为深沉的目标诉求。它对于教育的影响力是

[①] J. H. Plumb, *Men and Places* (1963), 217-23, 此处探讨了传记作品在今日之历史研究中的角色。

极为强大的,此种影响力并非仅限于祭司阶层和贵族阶层的初级教育中,还深深地拓展到更下层的工匠群体当中。任何关切自身之社会稳定性和宗教稳定性的社会,毫无疑问,都会以植根于过去的种种信条来训练年轻人,还会借由文学来训练年轻人。中国的儒生官员们甚至会比所谓的罗马天主教祭司阶层花上更长的时间,来研究教化年轻人的文本和文学。在奥古斯都时代的罗马,希腊世界也维系了一种类似的僭政体制;在中世纪欧洲,无论是东欧还是西欧,教会的神父年复一年地主宰了年轻人的研究工作。文艺复兴毫无疑问是拓宽了教育,不过,并没有改变素材或者原则方面的目标诉求。古典学、语言、语法、哲学、修辞学,当然还有文学和历史,遂在一代又一代人的时间里,成为学童的主要食粮,如果不是唯一的食粮;同样的课程表、同样对古代的信守,也来到新世界,并在哈佛和耶鲁生根发芽。① 数学,尽管可以肯定是最不易受到过去束缚的,但其基础形式受制于古人的公理和定理。现代欧洲的种种需求日趋复杂,因此,也就在此种植根于过去的主导教育体系之外,生长出一个亚体系,此一教育体系包含了现代语言、航海以及簿计等科目,甚至从十七世纪开始,也已经生长出基础自然科学,这些都是用来迎合一个日益扩张的商业社会的需求的。不过,此类教育元素深染贸易印记,而非统治体制之印记,因此,此类教育元素之养育,就英格兰的情形而言,是依托社会当中不服国教的各个群体展开的。在十九世纪晚期之前,此类教育元素在西方并没有进入教育之主流体系。

---

① R. R. Bolgar, *The Classical Heritage and its Beneficiaries* (Cambridge, 1954).

过去之于教育的强大掌控力度，是异乎寻常的。古典学，如果真有所谓的古典学存在的话，乃是在十九世纪得到强化的，即便是在工业革命的力量日益提升并创造了一个新型中产阶级的英格兰，也是如此，即便那样一个古典体系同中产阶级完全没有契合度可言。① 来自曼彻斯特和利兹的工业家的儿子们，终日埋头研读荷马和维吉尔，在李维或者色诺芬的枯燥作品中跋涉不辍，并时时演练着将埃德蒙·伯克的东西转译成西塞罗风格的拉丁文。军官和牧师的儿子们则在经历了柏拉图、亚里士多德以及拉丁古典文献的深深洗礼之后，被派往印度，去统治那里的数百万农民，他们对数学、经济学、人类学以及社会学可以说是一无所知。在主修课程完结后，这些人便不得不接着去学习生活所需的种种技术。此种教育是古典式的，其方法、素材、原则都是往后看的。只有到了二十世纪，科学革命以其全部的力量冲击西方社会，才令过去之于教育的掌控力度趋于松落。在我所在的学校，也只是到了二十世纪六十年代，科学研究者们得以免除初级拉丁语的考试，此一改革遭遇了激烈而痛苦的反对。然而，电脑和实验室并不会等待。欧几里得原理也消散而去，古老的伊斯兰代数书上的传统问题也是如此。小学开始教授新数学，拉丁语和希腊语也从核心位置上跌落，诸般新课程开始得到鼓励，这一切都摧毁了过去之暴政。教育最终完全建基于现代科学世界的需求和实践之上，如今的西方则正是寓居于这个科学世界当中。不过，这也是一场运动，据此，那种

---

① 在这方面，拉格比的托马斯·阿诺德的角色极能说明问题。参见，T. W. Bamford, *Thomas Arnold* (1960)，117-27。阿诺德并非意识不到科学的经济效能，不过他仍然相信，希腊和罗马文化才是绅士的恰当研究对象。

为着社会、统治以及权威而展开的教育,转变为技术教育。这其中也并非没有代价,毕竟,过去所主宰的教育世界当中,存在一种统一的社会态度,可以作为意识形态资源来团结社会,新的教育运动则令此种意识形态遭遇折损。一方面是老加图那样的公民德性,另一方面是基于同意的社会学,这两方是存在巨大差异的。一方已然进驻人们的想象当中,另一方也就迅速衰落了。在此一巨大且急速的变迁时代,那种代代传授、代代传承的社会性质的意识形态可能面临难以维系的巨大危险。随着过去归于死亡,其对宗教、道德和教育的掌控力度也归于消散,就会出现社会纷争的危险,把分析批判式的理解而非富有创造力的信仰理想化的危险。过去之于教育的掌控力度的松落,所产生的结果要比课程表的变化所带来的结果,更为精微,也更为危险。

那么多个世纪的时光中,人类不仅在学识上依托过去,手艺和技术也是依托过去展开的。人们有很多传统的做事方式,从种植小麦到修筑房屋,从裁制衣物到冶炼铁石,莫不如此。人们通常是从师傅或者父亲那里学得此类手艺,师傅或者父亲所传授的手艺则又是从前任那里习得的。当然,技术变迁时常发生,不过,此类变革,人们接受起来非常缓慢,传播速度更为缓慢,而且此类变革根本就不曾影响到技艺传授的社会结构,也不曾影响到传统之权威。年轻工人生活在家庭当中,并从家长那里习得手艺;传统知识、手艺以及技术标准的传播,是在家庭中完成的,无论是跟从父亲还是跟从师傅,都是这样的情形。工业的发展当然削弱了传统的效能,但并没有摧毁此一效能。是父亲带领儿子进入矿井、钢铁车间或者船坞的。即便是纺织业,也是师徒或者父子相传的样式,而且很多机械工艺延续使用的时间要超过一代人,因此,父亲或者师傅传授的手艺是终生奉行的。科学革命则剧烈地改变了此一情形。在科学革命冲击之下,男男女女赖以谋生的手艺,便已经不再是在家庭里面习得了,也不可能一代又一代地传递下去了。如今,人们都已经认识到,在一辈子的时光里,是有大量的东西需要放弃并重新展开学习过程的。看一看收音机或者汽车的情形便不难明白了,此类物件在不到一代人的时间里,竟然发生了那么大的变革。因此,今日的男男女女之日常生活,已然不再受制于那么一个几乎没有变化的过去了,在那个近乎静态的过去当中,无论工作模式、父子关系,还是社会阶层之间的关系,是拥有植根于传统的神圣性质的。生活就是变化,就是不确定性,唯有当前拥有效能,而且,即便是当前之效能,也肯定维持不久。结果,当然就是在行为观念当中,在社会结构或者家庭生活观念当中,也接纳类似的态度。当然可以通过人们的所作所为来评判这些观念,但是这样的评判是无法建立起传统价值的。由此,便可以见证到,那种将人同过去联结起来,并赋予人类以守护神的生存框架之解体。

　　过去之于宗教、教育以及经济活动的牢固掌控一旦削弱,社会事务就会陷入瘫痪境地。不难想见,结果之一就是诸如,师徒之间、父子之间或者母女之间亲传性质的教育模式归于败落,家庭结构的败落以及年轻人日益提升的独立性。对如此众多的青年男女来说,所谓家庭意识形态,通常不过是一堆过时概念的空洞集合体而已,成年人对此类概念实际上也漠然以对了。同样道理,两性关系一直以来也深深受制于古老的过去。在这个问题上,奥古斯都时代的罗马同维多利亚时代的波士顿,并没有太大的差异。女人居于服从地位,主要扮演妻子和母亲的角色，负责操持家务。在这样的性别格局中，女人全然处于顺服地位，过分的肆意会让女人失去人们的尊重。当然，贵族阶层的一些精英分子时常会有离经叛道之举，不过，此类行径并不长久，而且统治阶层的主体是绝不会这么干的。在婚姻领域，过去的认同作用有着强大的影响力；不过，此一认同作用正在迅速解体。两性关系的其他方面也是如此。此类活动已经不再受制于袭承的历史道德，或者即便仍然受制于此类道德，其控制力度也是相当微弱的；统计资料已经表明，生物冲动、生理需求，业已引领我们走向一种更为宽容的态度，并且很可能正在令人们回归人性需求。亡灵禁忌的阴影已经从人类的卧榻消散而去。在我看来，此一解体进程倒也绝非全是坏事。过去不管是个体维度，还是社会维度上，历来都是充满噩梦的。

在社会和个体生活的一切领域，过去之掌控力度都在削弱。仪式、神话以及寻根欲望，较之一百年前甚至五十年前，都已经大为衰落了。在教育、经济领域，过去已经不足以成为现在的指南了，即便还有一些元素残存，但也只能是对教育和经济的发展势头加以阻碍而已。在家庭生活和两性关系领域，过去已然无法提供智识上的力量了，同样也无法提供安慰了。当然，过去依然会在某些领域展开抵抗，不过，在怀疑的大潮中，这些领域已然沦为孤岛。至少可以说，在这些领域，即便过去没有死亡，死亡的脚步声也已经清晰可闻了。

然而，在过去的数个世纪时光进程中，人们总是向过去求助，不仅仅是为了给当前的权威寻觅一个向导。人们总是认为，借由研究过去，就能够产生对未来的见识，甚至能够预知未来。人们在研究过去之时，发现的是历史的反复，是同一目的的不断伸展以及一系列似乎是必然的结果。过去之于社会的掌控力虽然衰落,但这倒也并不一定就意味着过去的此种效能或者功用,已经丧失了价值,或者说丧失了与社会的关联度。那么,究竟在何种程度上,可以说过去仍然掌控着未来的钥匙呢?或者说,究竟在何种程度上,可以说借由研究过去,人类可以掌控未来呢?也许,我们必须考虑将过去视为宿命的问题。

第二章 作为宿命的过去

过去之于人类命运的关系，是一个庞大且复杂的问题。宗教，就其性质而言，同作为宿命的过去纠结在一起，无可拆解。在人类有记载的一切早期社会，都有不死神灵借由过去同人类建立关联，此一关联很自然地影响着人类对当前的态度。祭司们以蔑视一切经验的极度自信，就过去时代神灵的行为展开阐释，借此对人的命运建立预判。天堂、地狱、重生或者遗忘，每种宗教都拥有一种嵌入的命运模式，有些复杂，有些简单，有些能够容纳变化和变通，另一些则穿越世代历程，亘古不变。然而，对许多宗教而言，过去都是一座巨大的范例宝库，这座宝库极少同历史进程发生关联。除了基督教以外，我不会针对此类宗教多有谈论，这是因为基督教的历史维度远远超越了别的宗教。

然而，命运问题是人类叙事当中最为古老的问题，人类最初的叙事当中，就已经在尝试精确预测未来了；人类会研究重复发生的事件、征兆、预兆，并对之实施精细区分，尝试据此勾勒出某种未来的线条，或者据此对诸神之意图形成解释，当然，人类很清楚，诸神之意图很可能是既邪恶又反复无常的。古代中国在这方面的最早记载，是安阳的龟骨预言之术。这是一座巨大的预言库，中国古代的圣贤就是通过研究燃烧后龟壳的裂纹,去解读未来事件的,或者至少也要据此去预测特定活动的吉凶。① 毫无疑问,倘若没有这样一座巨大的参照性质的预言库,预言就会丧失效力。所有的预测都必须参照早先的预言展开,预言一旦给出,便会归档,成为未来的参照。在古美索不达米亚,但凡重大事务,君王、总督或者祭司都要预先征询各种征兆,相应的解释则得到记录并归档,其效能要传承千百年之久。预言一旦建立,后世的预言人即使在千年之后也可加以利用。将征兆同事件联结起来,并实施高度缜密的研究,这也是亚述人的做法,亚述人认为,未来操控在过去手中。从安阳的甲骨和古巴比伦的预言板,到马克思、恩格斯和列宁的辩证唯物主义,一直都鼓荡着一种乐观主义的希望,希望借由对过去的研究,人类将获得操控未来的能力。

不难想见,在农业社会,星象之术也会得到迅疾的应用。人类很快便发现,星座之起落表征着季节的变迁,星象是可以预知尼罗河泛滥的时间或者雨季降临的时间的,这也是中国和尤卡坦半岛的情形。事件和征兆之间如此完善的配合,向原始的心灵指示出一种极具合理化的理论,据此理论,星辰之运作影响着人类生活。人类的信仰,即便是那些已经被证明是纯属荒谬的信仰,其根系之强固,生命力之顽强,仍是超乎想象的。而且,很自然地,在过去和将来问题上展开的星象研究,铸就的结果绝不仅仅是天文学。这方面的研究工作,引领

---

① 中国的官方史家,似乎就是在汉朝时候从太史令这个职位演化而来的,司马迁的父亲当年就曾担当这个职位。关于龟壳预言术的具体情形,参见,*The Complete Works of Chuang Tzu* transl. Burton Watson (Columbia University Press, 1968), 298。

一流的才智之士去发明时钟、星盘以及太阳系仪等的仪器，此类物件极富科学元素并且也都是极为精巧的。① 过去之霸权倒并不意味着一个静止的世界，没有任何的技术变革或者社会转型。的确，没有任何文明体系能够像中国那样，如此决绝地采取往后看的姿态，但是，中国人的技术创造力也是非常突出的，而且通常都大大领先于西方社

---

① J. Needham, Wang Ling and D. J. de Solla Price, *Heavenly Clockwork* (Cambridge, 1960); 也可参见, J. Needham, *Time and the Eastern Man*, Royal Anthropological Institute of Great Britain and Ireland, Occasional Papers, no. 21 (London, 1965), 17-19; J. Needham, *Science and Civilization in China* (Cambridge, 1965), iv (2) 465-80。唐朝的星象仪是最为精巧、最为复杂的，此一仪器可以确定皇后或者妃子怀上龙胎之时星座的位置，即便当时的天空云气密布也不妨碍。参见，D. J. de Solla Price, *Science since Babylon* (New Haven, 1961)。对于李约瑟一些论述的批评意见，参见，Carlo M. Cipolla, *Clocks and Culture, 1300-1700* (1967), 152, 不过，希波拉并没有否认中国星象仪器之精密。究竟怎样的社会境遇才能推进科学研究和技术发明，此一重大问题仍然没有解决，无论是社会史学家还是科学史学家，都未能提供答案。参见，J. Needham, "Science and Society in East and West", *Science and Society* (New York, 1964), xxviii 385-408; "Poverties and Triumphs of the Chinese Scientific Tradition", in *Scientific Change*, ed. A. C. Crombie (London, 1963), 117-49。毫无疑问，此一问题是极具争议的，希尔的那部作品面世之后便触发了巨大争论，就是明证，见，J. E. C. Hill, *The Intellectual Origins of the English Revolution* (Oxford, 1965)，对这部作品的重要批评，参见，H. R. Trevor-Roper, *History and Theory* (Middletown, 1966), v 61-82, and A. R. Hall, "The Scientific and Puritan Revolution", *History* (1965), 332-7。

赫尔岑的那篇文章发布之后，也触发了类似的争论，见，B. Herzen's article "On the Social and Economic Roots of Newton's Principia", in *Science at the Crossroads* (1932)。希尔和赫尔岑是依托马克思主义分析模式来写就这些文章的，尽管对此提起的众多批评也都是言之成理的，不过，事实依然是事实，确切地说，从回溯性质的社会，即一个其意识形态以传统、过去的概念和范例为主宰的社会，向着前瞻性质的社会，即一个以科学为导向的社会的这场变迁，是智识发展和社会-经济境遇的结果；不同的社会-经济境况毫无疑问也会改写巴比伦、希腊和中国的历史，除非人们认为此类变迁是纯粹的机缘在作怪，或者是神意的指尖在随意指点。此处无意对此问题展现详尽探讨，尽管此处探讨的话题与这个问题直接相关。

会，尽管后者同过去的关系并没有那么高的系统化程度，也不具备包罗一切的态势。然而天文学同星象学并不是一回事情，天文学仅供祭司和圣贤运用，令这类人可以更为精准地操作仪式或者更为准确地预测天象。芸芸众生，无论是否受过教育，他们只是关切星象之术，而且这些也都是他们多多少少可以预知的。正是在这个领域，过去获得了预兆的地位，并且也正是据此获得了价值。星象在芸芸众生的生活当中同具体事件联结起来，无论是吉是凶。据此，每个个体的星象命数便不会是纯粹的想象，而是极为复杂的历史考察的结果。① 星辰位置直接影响着人类及人事，影响着福祸吉凶，一旦接受了此一基本前提，那么星象学就需要一个稳固的理性体系。在一个又一个世纪的时光进程当中，智慧卓绝之人都接纳了过去的这种鲜活的影响力，此一影响力不仅一直存活着，而且还预测未来，更控制未来。甚至在科学革命的鼎盛时代，在创立伦敦皇家学会的时代，在牛顿写就《原理》的时代，沙夫茨伯里伯爵却也相信星象学的寓意，尽管他是约翰·洛克的好友，后者住在他家。沙夫茨伯里伯爵认为自己的人生是预定好了的，他信从一名荷兰星象家，此人预测了他的生平。② 此种信仰即便在启蒙时代也不曾灭绝。可以肯定，此类信仰逐渐同斯威登堡教派、光照派、共济会这样的教派宣示的神秘教义融为一体，启蒙世纪

---

① 参见，Helmut Rehder, "Planetenkinder", *The Graduate Journal* (University of Texas, Austin 1968), viii 69-97, 此处探讨了十六世纪之前星象学概念同艺术和文学的复杂关系。此一主题是相当宏大的，不过，在随后几个世纪，也就是十七、十八和十九世纪，许多社会史学家都忽略了这个问题。

② Bishop Burnet, *History of His Own Time* (2nd ed., Oxford, 1833), i 175。沙夫茨伯里伯爵绝非那个时代的特例。

里众多有着高等教养的人士都牵涉其中。① 截至此一时期，被星象术缠绕的过去已然折损了部分的社会效能，已经沦落为半迷信的状态，成为一个半吊子的信仰世界，有闲的票友纵情其中，流连忘返。到了十九世纪，它已基本上被逐出文明社会，但不管怎么说，这样的一种过去仍然是拥有分量的，种种神谕和魔幻故事闪现其中，而且也令教育程度很低，或者根本不曾接受过教育的阶层卷入其中。在二十世纪的伦敦，大多数小报仍然会发布星象家们的种种预言，民众对此的态度则在总体上类似于十八世纪贵族阶层的态度，确切地说，那是一种温和的着迷，其中也点缀着不信。

过去在占卜之术和星象之术中的这种角色，总体上是依托汇编体系建立起来的，正是这样的汇编体系，为术士提供了一座神秘知识库，使得道教的法师、巴比伦预言人或者德尔菲女祭司能够创制成功的预言。研究星象并不需要对过去展开深入研究，也不需要在人类本性和人类社会当中辨识出一种推动人类走向未来的动力机制；实际上，这样的研究仅仅是揭示出一种极为复杂且晦暗的机制，对于这种机制，只需要密切且持续的观察并辅以相应的理解就够了。确切地说，这样一种过去，是一种等待解读的密码体系，而非一个理解的进程。② 在人类历史内部，展开了一个进程，此一进程将塑造人类的未来，并引领人们走向同过去截然不同的境遇，此种观念在犹太人那里

---

① 参见，F. R. Dumas, *Cagliostro* (Paris, 1966), and *Casanova's Memoirs*。不过，需要指出的是，所有这些崇拜都极为倚重远古时代，比如古埃及人的幻术以及诸如此类的东西。不管怎么说，共济会是需要所罗门的神殿以及虚假的古老仪式来支撑其信仰体系。也可参见，Erik Iversen, *The Myth of Egypt and its Hieroglyphs* (Copenhagen, 1961)。

② 过去蕴涵了等待解密的密码体系，此乃观念史上频繁再现的一个观念；人们常常认为《启示录》和埃及金字塔就包含了可以用来解密的钥匙。

得到了最早的表述。希腊人对自身的优越性赋有健康的意识,而且,差不多也可以说,此种优越性是大多数古代族群都不具备的,然而,希腊人并不相信自己的历史曾传递如下信息:他们是有着特殊命运和特殊未来的,或者说,无论他们有怎样的苦难和缺陷,过去的神迹和征兆已然表明神灵对他们的命运是有特殊关照的。然而,犹太人很早便建立了一种信仰,他们相信他们的历史传递的核心信息就是:不仅他们自己,而且他们特有的上帝,是优越于其他的一切族群和其他一切神灵的;只要他们信守上帝的诫命,那是上帝赐予以色列子民的特殊诫命,如此一来,以色列族群的命运将会走向荣耀境地,弥赛亚就会随之降临。此一特殊命运的证据,就在犹太人记载下来的一系列事件和预言当中,此一记载将以色列子民引向一个回溯的历程,经由摩西到亚伯拉罕到列祖再到上帝所造的第一个男性和女性。由此,无论是他们的历史,还是他们的世系,便都具备了特殊的神性。相形之下,其他族群也会有神王的统治,或者也会由拥有神话世系的君王或者祭司作为统治者,但是,犹太人的地位更为特殊,这个族群更具选民意识。犹太人的世系溯源于一个真正的上帝,而这个上帝在一系列事件当中,一次又一次地证明所有其他的神灵都是虚假的。因此,在犹太人这里,过去不仅仅是幻化为传奇故事之汇编,幻化为人类经验之投影,幻化为一个道德范例体系;其程度远远超越了年代记、世系或者仪式方面的单纯汇编,尽管这些元素犹太人也都尽收囊中。这样一种过去遂成为犹太人命运的密切组成部分,犹太人据此建立了对未来的阐释,此一阐释较之古往今来一切星象之术或者神谕之术都来得更为确定、更为绝对,也更为全面。

最终，以创世为发端的历史连续性观念便占据了主导地位。面对这样一种观念，其他一切旨趣，包括对非希伯来人历史的旨趣，都沦为牺牲品。一条拥有特权地位的事件脉络，表征并呈现出上帝那连续的介入行动，而上帝予以干预的这个世界正是上帝自己创造的。①

此一观念是总体性的，包含了生命的全部，过去、现在和未来，因此，此等观念之于人心的掌控力度当然也就得到巨大的提升。此一观念的独特之处，在于其中的发展观念。依据此一发展观念，过去不再是静止的，不再是单纯的信息、范例和事件储藏库，而是动态的，是一种不断伸展的叙事。

但是，对过去的此种社会需求，包括对其中的事件和预言的需求，并没有在犹太人身上培育出任何值得一提的历史技艺。② 犹太人需要过去，需要其中的事件、境遇和预言，这一切都是为了建立对上帝之终极意图以及以色列子民之命运的信仰。说白了，犹太人并不关心历史分析工作，除非是为了揭示其中的预言特质，他们记载的一切，都只是为了展现耶和华的意志或者先知的洞见。③

然而，在很多个世纪的时光当中，犹太人的这种特殊信仰体系都不曾影响到古代世界对过去的态度，反而给犹太人自己带来不少的麻

---

① A. Momigliano, "Time in Ancient Historiography", *History and Theory* (Middletown, 1966), Beiheft 6, 18-19.

② Ibid. 19。正如莫米利亚诺阐述的那样，犹太人是尊奉诫命去记忆过去的（Deut. Vii 18），而且犹太人也确实做到了这一点，可参阅，Psalm cv 等章节。

③ 正是因此，《旧约》或者《死海古卷》当中大批量的先知书都催生了难度极大的历史问题。

烦,最大的困境发生在反抗罗马人的激烈斗争中,犹太人的神殿归于毁灭,犹太族群进入大流散时期。①犹太人对过去的这种极为特殊的运用模式,在意识形态上变得具有革命性,只是在经历了基督教的改造之后,才成为建制教会之信仰体系的组成部分,建制教会背后则是有国家权能作为支撑的。这场革命有着异乎寻常的分量,也是西方世界在观念领域经历的最为深刻的革命之一。

基督教将过去和未来糅合在一起,此举不仅是为着某个部族或者某个族群,而是为着全人类。和犹太教一样,基督教也是排他的。其他的一切神灵都是虚假的,其他的一切信仰都是邪恶的。不过跟犹太教不一样的是,基督教的立足点坚定地落在信仰而非律法之上。四海皆兄弟,这是基督教传达的一切信息当中都暗含的观念。基督教的上帝是排他的,不过,这个上帝传递的信息却不是排他的。基督教之个体诉求要强烈得多,也更为密切地以个体为导向。在基督教体系当中,过去以极为密切的方式同个体命运融合起来,而不仅仅是族群命运。但不管怎么说,正是犹太人和基督徒合力将一种新的意义指向赋予了人类生命。正是他们的信仰体系,强化了对于世间事件前后承接的意识,并由此催生出一种不断伸展着的命运观念,据此观念,生命的整体目标是可以借由过去予以解读的,确切地说,曾经发生过的事件是有着目的论的意义指涉的。

尽管犹太人长久以来都秉持此一观念,但是最初的基督徒并没有立刻采纳此一观念,对最初的这批基督徒来说,过去是没有什么关联的。对早期基督徒来说,弥赛亚已经降临,已经被钉上十字架,并且

---

① Josephus, *The Jewish War,* ed. M. I. Finley (New York, 1965), xvi-xviii.

也已经复活了；耶稣的生与死已然宣示了上帝国的临在。时间很快就会终结，人类历史也将就此关闭。对这样的信徒来说，过去是没有意义可言的。此外，早期基督徒也不曾运用耶稣生平当中的诸多历史事实来抗辩异教徒，据此来证明基督教之真实性。① 圣保罗及其追随者将自身的信仰建基于基督之超自然本性，确切地说，基督是永生的，因此也就是独立于任何的历史境遇的。然而，此一神学观念在福音书作者那里遭遇了限制，出于种种的考虑，福音书作者们将圣保罗的神学观念化约为一种历史叙事，由此催生了基督教最为根本的历史概念，也就是前基督时代和后基督时代。当然，引发最大难题者是后基督时代。时光流转，基督却顽固地拒绝重新临在，上帝国一直就这么寓居时间维度当中，主宰世事者也一直都是尘世王国。审判日向着未来一推再推，即便依照我们的时间标尺，也不能说审判日真的就那么遥远。直到十九世纪，过去都是非常短暂的；正如在基督教的早期时代，未来是十分短暂的那样。此等情境，便不免迫使基督徒发育出一种精致的神学理论，甚至还有一种更为精致的末世论神学。此一神学观念，需要过去来证成一种能够控制，并有助于实现基督徒使命的制度，此一制度就是建制教会，建制教会以主教、神父和牧师这样一个等级体系熔铸而成，由这些人负责依照基督徒版本的过去来解释人类的当前境况。

---

① S. G. F. Brandon, *History, Time and Deity* (Manchester, 1965), 160 ff., and especially 160 n. 2。关于早期基督教之历史观念的发展情况，也可参见，Erich Dinkler, "Earliest Christianity", in *The Idea of History in the Ancient Near East*, ed. Robert C. Dentan (New Haven, 1955), 171-214. Also C. H. Dodd, *History and the Gospel* (1938); Oscar Cullmann, *Christ and Time*, trans. F. V. Filson (rev. ed., 1962)。

君士坦丁大帝改宗,令西方世界完成了基督教化,此后,无论是异教的反击,还是蛮族的入侵,都不曾长期打断教会的发展进程。而且,基督教会的智识精英群体,比如教会学者、神学家、哲学家、布道人,协力创制并维系了一种相当稳固的正统思想体制,当然这背后是少不了世俗统治者的力量和权威的。从异教意识形态向着基督教意识形态的这场变迁,触发了一系列可怕的问题,此类问题之可怕程度,恐怕超越了宗教改革时代新教辩护士们面临的那些问题。问题并非仅限于民众文化在这场变迁中的毁灭,比如神庙、地方神灵、种种的崇拜和仪式,均在这场变迁中被连根拔起。此一变革工程最终被证明是一项极为困难的工作,并且可以说是无望的,毕竟,民间异教的上层建筑也许可以借由国家法令和暴力在一夜之间化为齑粉,但是若要完全铲除民众的魔幻信仰,则不是教会和国家权能所能及的。民众的异教信仰依然挥之不去,徘徊在民间传说的幽暗之地,基督教只能对其中的一部分予以吸纳。的确,早期教父们多多少少都可以说是有意识地对众多异教神灵实施了改造。实际上他们别无良策,只能这么做。于是,基督教的幽灵世界很快便接纳了一批又一批的圣徒和魔鬼。[1] 不过,正式的异教仪式、魔幻崇拜以及神谕崇拜则归于毁灭,至少在理论上,基督教教父对一切形式的幻术秉持极为坚决的憎恶态

---

[1] 参见, A. A. Barb, "The Survival of Magic Arts", in *The Conflict between Paganism and Christianity in the Fourth Century*, ed. A. Momigliano (Oxford, 1963), 100-25. 实际上,老底嘉大公会议禁止过分的天使崇拜。但是,这中间蕴含的奇迹元素却得以存续。公元6世纪的时候,一大批爱尔兰圣徒穿越布里斯托海峡,并在德文郡和康沃尔郡北方的村落中生活。类似的奇迹在整个基督教王国四处上演。

度，无论黑白。① 在国家方面，巴比伦、德尔斐乃至罗马那精细的神谕体系，则彻底沦落为妇孺的窃窃私语。古代世界上层社会的意识形态及其用于阐释生命和历史的诸般方式，均被彻底撕碎。也许此一迹象早已经浮现出来，比如斯多噶派的论说、借由新柏拉图主义者传递下来的柏拉图的论说等，不过，观念领域的这场基督教革命之剧烈、深远以及决绝，恐怕是任何其他大文明体系都不曾经历过的。印度、中国乃至日本也都接纳过新宗教，不过，在这些文明体系当中，新宗教总是会被吸纳掉。唯有伊斯兰教拥有跟基督教一样的意识形态革命特质，不过，伊斯兰教策动的意识形态革命是在原始部族居民群体当中展开的。

早期教父所面临的智识问题，当然并非仅止于摧毁古老的预言和魔幻体系，实际上，早期教父面临的难题要比这大得多。历史之核心论题，在此种境遇之下，已然转换为基督教和犹太教论题，正是此一核心论题引领人们经由基督回溯到大卫、摩西、亚伯拉罕乃至亚当，此举等于是向其余版本的历史和编年史提起严峻挑战。② 铸造过去，

---

① Ibid., 107.

② 奥洛西乌斯 (c. 417) 曾提供了异教历史和基督教历史的一个终极的融合版本，据信，此种叙史模式是完全契合基督教世界的，然而，此一叙史版本不过是公元 2 世纪时候开启的一个漫长进程的完结而已。当然，异教既已死亡，这样的工作也就不那么困难了，毕竟，异教史册已然烟消云散了，要么就是已经沦落遗忘境地了。但是，若要成就此一工作，就必须忽略古代世界的大量历史。"一切建基于希罗多德、修昔底德、李维以及塔西佗之政治经验的基督教史学，都未能传递到中世纪。" A. Momigliano, "Pagan and Christian Historiography in the Fourth Century A.D." in *The Conflict between Paganism and Christianity in the Fourth Century,* 89。基督教编年史发展进程中的核心人物就是尤西比乌斯，关于此人，参见，D. S. Wallace-Hadrill, *Eusebius of Caesarea* (1960), 155-67。

此一需求为犹太史学赢得了一个主导性的、决定性的地位,借由犹太史学叙事,罗马和希腊事件得以同人格联结起来,不过,至此也只能是完成了此一艰巨工作的一半。此种伸展性质的历史叙事,并没有以基督为终结。基督再临之日一推再推,看来是永无限定了,因此,也就需要以更为复杂的方式运用过去,将过去向着未来投射。因此,也就必须将过去转化为基督教的过去。此处没有必要谈论审判之日是以何种方式向着未来一步一步推进的,也无须调查教父们就此一进程提供的种种解释,只需要明白一点就行了:要做到这一点,就必须对过去实施积极运用。既然基督教已经取胜,那么也就只能以历史模式来阐释未来。基督临在之日一推再推,基督教较之古老的异教崇拜是年轻事物,这样的境遇是很容易催生诸般怀疑情绪的。于是,两个论据便应运而生,并且这两个论据也得到了切实运用。《旧约》在此一境遇中获得了至关重要的地位,就如同《新约》之于基督教那样,这是因为《旧约》不但呈现了上帝的意图,而且此一意图涵盖了基督诞生之前的久远时代,这就令基督教无论在历史渊源上还是认同程度上,都远远胜过整个异教世界。毕竟,没有比亚当更为久远的人物了。这恰恰就是德尔图良的观点。另一个用以平息疑虑的论据认为,自基督降临之日,教会便一直在履行自己的使命,教会的使命也正是基督的使命。教会一直在拓展、生长、归化信徒并代代传承。时间于上帝之归化目的而言,是至关重要的因素。然而,要证明这一点,是需要历史的,就如同尤西比乌斯的教会史叙事那样,唯有如此,才能向那些尚存疑虑的人们,揭示出那些在归宗者看来是再明显不过的事情。世俗世界遭受一系列灾难,西方世界差不多总体坍塌,由此触发了进一步的难题,圣奥古斯丁应运而生,专门应对此一难题并取得了经久成功。无论国家沦落何等灾难性的毁灭境地,这都是可以预期的,此乃人之罪恶本性所致。不过,这只是暂时的,是人类罪恶的结果,也是对人类罪恶的惩罚;最终,上帝城,也就是信仰者的共同体,将会取胜,就如同上帝之意图必将在预定的时间终结之处呈现出来一样。随着尘世归于败落,这个共同体在不断生长发育。历史将证明这一点。

从此刻开始,主宰西欧和东欧世界的过去,同主宰了早期文明、希腊和罗马世界乃至同时中国和印度文明的过去,形成了极为鲜明的对照。如果一定要给出描述的话,不妨将前者视为一种叙事性质的过去,它拥有明确的开端,的确,这个过去是拥有精确的起始时刻的。此一叙事是借由一系列事件之伸展熔铸而成的,这个叙事序列揭示了上帝和人的目的,此一目的在基督的生死事件当中臻于戏剧高潮;此后,便是人类走向末审判的历程了,终极命运也是有着明确的时刻界定的。于此,人类命运的此一叙事特征便清晰可见了;此一叙事特征镌刻在教会墙壁之上,在教会仪式当中得到敬奉,并在奇迹当中得以施展。最终,此一叙事意识以及对不断伸展开来的上帝意图的意识,也就深深地沉淀在欧洲人的意识当中。这也就使得欧洲人很容易地便接纳了变迁观念和发展观念。更重要的是,这也意味着进步之必然性,当然,在很多个世纪的时光进程中,此一进步观念寓意属灵进步,而非世俗进步,不过,世俗进步观念的种子已然播下,只不过处于蛰伏状态而已。只需要有利的环境,这颗种子就会萌芽并迅速成长起来。由此,过去便获得了一种动力,甚至可以说是一种推力,这在其他地方是不可能得到的。据此，基督徒便很容易依托同样的叙事框架来看待自己的生命，将个体生命视为一个不断伸展的历程，这样的生命是拥有目的、使命以及预定好了的终局的。说白了，这就是上帝的意图，个体生命之目的也在上帝的意图当中获得认定；这一切毫无疑问都是独特的，而且也都是革命性的。

这是人类第一次有机会重塑过去观念，可谓一段伟大的启蒙时期，随着圣奥古斯丁谢幕，这段时期便归于结束了。随后，历史解释和历史宣传领域的产出便迅速减少了。当然，蛮族入侵也起了作用。蛮族入侵导向了一个更为原始的意识形态世界，并在基督教伪装之下，复活了异教信仰的一些元素，正是此类元素抓住了众多教父的想象力。借由圣徒、魔鬼和奇迹熔铸而成的过去，便迅速繁盛起来。圣徒传记遂成为流传最为广泛的文学类型，基督教正是由此来应对过去。但是，使命意识、历史宿命意识却也一直存在。尽管历史学家们一直都尝试在新教伦理当中找寻那种进取性的个人主义的起源，但在我看来，此种个人主义已然体现于基督教最初几个世纪的基本历史观念当中了。

然而，中世纪的西方，从早期教父那里继承了教会概念，据此概念，教会是一种其权力和权威都植根于历史，并且也都是在历史当中得到证成的制度。于此，教会方面的卷宗材料便获得了神圣性；大公会议、主教以及教皇发布的令谕便不仅需要予以保存，还需要予以评注。在同异端教派或者教会分裂势力的冲突中，在同世俗权威的斗争中，教会一再将自己的主张论定在历史素材当中。就如同巴比伦的预言人或者中国的圣贤和占星术士一样，过去在教会法学家心目中产生了绝对的认同作用。的确，有时候，对过去的需求过于强烈且急迫，教会人士不惜进行伪造。① 教皇斯蒂芬二世就是一个例子，这位教皇大人毫无犹疑地遣人将一封信笺送给法兰克人的国王丕平，据说这封信笺乃圣彼得亲笔所书，信的内容是确认教皇拥有丕平刚刚征服的伦巴底地区的所有权。保存此类材料，对教皇、皇帝、主教、王公、神父这类群体而言，有经济上和体制上的好处。实际上，此类材料就是权威的武器。

真实的史料，实际上在历史学家拥有足够的明辨能力，可以对之展开运用之前很久很久，就已经开始积累起来了，这同古代世界的情

---

① 关于中世纪的伪造活动以及世人对此类古老文件的盲信态度，参见，H. Fuhrmann, "Die Falschungen im Mittelalten", *Historische Zeitschrift* (1963), cxcvii 529-54。福尔曼此论当然会遭遇批驳，不过福尔曼对此类批评也给出了强有力的反驳，见, ibid. 580-601。也可参见, W. Ullmann, *A History of Political Thought: The Middle Ages* (1965), 80-85："伪造工作涵盖了相当广泛的领域，必定是有一批伪造人，考虑到这一点，这些伪造者的意图就是假借古老光环，来支撑僧侣体制之实。绝大多数中世纪伪造工作都不是强行创造什么东西，而是将一项实际上已然得到接纳的论题包裹在古老法令的袍服当中。"实际上，本笃十六世的教令当中，有四分之三是伪造的，见, ibid. 83-84。即便是伪造之事已然败露，伪造文件依然会得到接纳；过去实在是太有价值了，仅凭怀疑主义的理据，是不足以对之形成拒斥的，也正是因此，即便"君士坦丁赠礼"被教堂执事约翰确证为伪作之事，也没有产生长期影响，只是对奥托三世的一些行动产生了影响而已。显然，时机并不成熟。不过，四百年过后，也就是到了洛伦佐·瓦拉所处的那个更具怀疑气质的时代，瓦拉对此一伪作之揭露乃产生了显著的冲击波，不过，那时候，过去已然开始遭到攻击并且也开始接受重塑了。圣物是过去的可见载体，对圣物的信仰和需求，令圣物如同教会文件那样，开启了伪造的进程，并且还是以批量生产的方式展开的；用于伪造所谓"真正的十字架"的木料足以制造一艘大帆船出来，信徒们曾有一段时期不得不同时供奉十二张耶稣的包皮，其中一张就在教皇的本座教堂供奉着，也就是拉特兰的圣约翰大教堂。关于"君士坦丁赠礼"一事，参见, Ullmann, op. cit. 97-98；关于圣物，参见, G. Rattray Taylor, *Sex in History* (1953), 42-43；也可参见, H. C. Lea, *Studies in Church History* (Philadelphia, 1883), 46-61。

形形成了鲜明的对照,希罗多德、修昔底德和李维都曾因为历史材料匮乏而遭遇了极度的尴尬。在西方,过去获得的不仅仅是尊重,还获得了神圣地位。然而,意识形态素来就比用于证成意识形态的素材更为重要。过去涵养了深沉的宗教价值,不仅对皇帝、君王、教皇和主教是这样,对芸芸众生更是如此。每个人都陷入一场普遍的历史戏剧当中。撒旦的势力遭遇上帝势力的围困,一直处在被攻击、偶尔还会被摧毁的境地,然而,撒旦在这个邪恶的世界,这个特别契合其罪恶的世界,也会赢得属于自己的胜利。战争仍在继续。人类一度期望,针对邪恶的这场大战,不会持续太久。只需要略微回望一下人类的历史,这场大战就清晰可见。亚当遭到驱逐,亚伯谋杀兄弟,这些事例就足以昭示,如同青天白日一般。过去展示出恶魔及其罪恶的本性;教会的过去,教会那经历了时间考验的道德,也足以表明魔鬼是如何被征服的。如此活跃的一种过去,从社会机体的裂隙中穿行而过,引领一切的思想,创造出对惯例、传统和袭承智慧的敬奉,如此强大的一座堡垒,用来对抗革新和变化,除非是那种在古老袍服包裹之下展开的变革,仿佛变革的目的就是重归更为纯粹或者更为神圣的过去。可以说,中世纪的所有思想家和神学家都对过去秉持着深深的敬重,尽管如此,无论行动之人还是思想之人,都不曾将过去看作是包罗一切的,也不会认为过去令一切的学识或者探究都归于绝对的静止状态。过去对欧洲的主宰效力也从未达到中国那样的程度。欧洲的过去一直都是动态的,一直都是借由斗争、变迁、失败和胜利熔铸起来的,是随同时间并在时间当中运动的过去,也正是因此,欧洲人才能利用过去来展开攻击和征服行动,来激发讨伐热情。教会当然可以将自身的权威植根于古老渊源之上,不过,教会依然是好战的教会,拥有目的和命运,其未来是借由过去昭示出来的。

到了文艺复兴和宗教改革时期,教会收获的历史证成度是相当巨大的,此一历史证成差不多涵括了西方世界的整个意识形态领域,然而,也正是从文艺复兴和宗教改革时期开始,此一历史证成开始遭遇批判和攻击。不过,初始阶段的攻击浪潮集中在技术问题上,诸如"君士坦丁赠礼"文件之伪造,毕竟,教会的权威以及罗马大主教的至尊地位在极大程度上依托此类文件,确切地说,此一阶段的攻击浪潮并没有围绕更为基础的宗教神话叙事展开,过去恰恰就是借由此类宗教神话叙事来获取自身的本质结构的。基督教信仰的核心并未遭到冲击,实际上,此一信仰核心还强化了。的确,意大利人文主义者重新发现了希罗多德、修昔底德、李维和塔西佗,而且,马基雅维利还依托李维的《史论》构筑了自己的史撰。马基雅维利和圭恰迪尼都在极大程度上从基督教神话框架的束缚中解脱而出;然而,他们对过去的运用在方法上(如果说不是在意向上)跟这些古代作家是一样的,尤其是同那些他们素有亲近感的古代作家。①

---

① 他们无意如实地理解过去。他们的意图是令过去服务政治目的,为政治家效劳,就像此前的时代,过去一直都在为道德论者效劳一样。然而,在很多方面都可以说,现代历史研究是植根于他们及其同时代一批人的历史研究工作的。马基雅维利对基督教版本的过去的威胁并没有立刻得到认可,不过,一旦反宗教改革运动拓展开来,马基雅维利这个名字也就开始在正统圈子里面引发恐惧和憎恶了。参见,Felix Raab, *The English Face of Machiavelli* (1964), 3-4。也可参见,A. Momigliano, "Pagan and Christian Historiography in the Fourth Century A.D.", in *The Conflict between Paganism and Christianity in the Fourth Century*, 89:"当人文主义者在十五和十六世纪重新发现了他们的希罗多德、修昔底德、李维和塔西佗的时候,他们实际上也重新发现了基督教根本无法替代的东西……政治和军事历史的典范依然不可避免是异教性质的。"

宗教改革并没有击碎基督教神话，也没有对之实施改造。在宗教改革浪潮中，基督教神话叙事仅仅经历了一些调整，至少是为了适应不断增长的识文断字的人群。在为数不多的学术圈子当中，以及在一些真正引发历史论辩的问题上，都可以见证到新观念的曙光，在法国是博杜安、拉·波佩利尼艾尔和博丹，在威尼斯是萨尔皮，在英格兰则是塞尔登、卡姆登以及一批好古之人。不过，这些人要放在后文加以阐述了。

在宗教改革之后的新教国家，过去是如何以严格意义上的基督教的和教义式的方式加以运用的呢？在这个问题上，最具范例意义的情况恐怕非英格兰莫属了。英格兰的情况毫无疑问是有着更进一步的分量的，毕竟，英格兰将会在十七世纪的时候，将新教版本的过去输入新英格兰，正是在新英格兰，这个版本的过去获得了超长的命数。和教父以及众多中世纪作家一样，英格兰宗教改革运动的宣扬者们也将历史视为上帝、天使同撒旦、魔鬼之间的一场冲突，尽管后者注定了失败的命运，但是它们拥有相当才智，赢得了一系列的暂时胜利，并且还极为频繁地给脆弱且承载着罪恶的人类实施阻击和欺骗。撒旦最为聪明的一步就是创建了天主教会，并令一个伟大的敌基督安坐罗马王位，进而令这样一个人物主宰一个盲信的世界。罗马教会培植的一系列圣徒不过是拙劣的迷信而已，新教殉道者则是真实的。新教殉道者那燃烧的血肉、破碎的肢体以及被撕裂的内脏，在约翰·福克斯的庄严诗文中历历在目，他发布于1563的《伟绩与丰碑》成为第二圣经。这部作品强力申述了对福克斯及其追随者而言显而易见的道理，即救赎、改革、捍卫基督的王国,是至为伟大的工作,在此一伟大工作当中,英格兰是负有特殊使命的。① 英格兰是新以色列,这也正是奥利弗·克伦威尔在一百年之后反复向英格兰申述的一点,无论英格兰人是在德罗赫达屠杀天主教徒,还是在邓巴屠杀加尔文教派,都是此一特殊使命的体现。②

毫不奇怪,继《圣经》以及福克斯那本后来被称为《殉道者书》的作品之后,又出现了约翰·班扬的《天路历程》,这部作品以第一人称的语式对人之基督徒命运作了意象化的阐述。苦难、痛楚、折磨以及无尽的诱惑是人之命数,然而,借由自身的刚正以及上帝的恩典,人是有获得救赎和成功的希望的。此种情境之下,过去,乃至一个人的生命,仍然是一部铺展开来的戏剧,一部将由未来予以完成的戏剧。一切人,如同一切的历史,都是天定命运的展现。无知无识的大众阶层、半文盲以及能够识文断字的贫苦阶层,通常也都是只对这三部作品有所知晓。这三部作品意象之丰富、叙事之生动燃烧起英国民众的朝圣和命运意识,并将此种意识深植于英国民众的敦厚心灵当中。本质上说,这是圣奥古斯丁和教父们的基督教版本的过去;而且仍然是那个鼓荡着戏剧感和目的感的基督教版本的过去,千年之前取得胜利的,正是这个版本的过去。然而,到了这样一个时代,这样一个基督教版本的过去,显然是需要一个世俗伙伴了。于是,人们很快

---

① William Haller, *Foxe's Book of Martyrs and the Elect Nation* (1963)。
② 这实际上也是克伦威尔从他的清教徒牧师那里承续而来的习惯,清教徒牧师习惯于运用《旧约》,从中摘取种种范例,以展示上帝对不正义者的暴力举动。

便创造了这样一个世俗版本的过去,这倒也不是什么难事。不列颠帝国的巨大扩张、十八世纪和十九世纪大量涌入英格兰的令人震惊的财富以及不列颠帝国在战场上无往不利的胜势,毫无疑问地凸显出了上帝之恩典为英格兰创制的特殊命运,——假如人们愿意这么看待问题的话,就可以这么看待问题。的确,见多识广的人们很可能会悄然放弃恩典观念,不过,即便如此,天定命运的意识是不会消散的。此番历史境遇便顺理成章地令新教殉道者转换为英格兰的英雄人物,诸如德雷克、雷利、霍金斯以及印度的克莱夫和魁北克的沃尔夫等,而且,即便时间如同迷雾一般横亘其间,但英格兰人已然可以飞跃雾障,对早期的不列颠英豪实施追溯,比如阿尔弗雷德大帝,并且还借由阿尔弗雷德大帝进一步回溯到卡拉克塔克斯这样的传奇英雄。实际上,只需要翻看一下 J.R. 格林的《英格兰人民史》就足以见证福克斯的过去观念何等轻易地影响了英格兰的民族叙事。

过去涵养了某个族群的特殊命运,此一观念当然也有着诸多更为精致的形态。在十七世纪的英格兰,主要是 1660 年之后的英格兰,那粗朴且戏剧化的新以色列观念开始退潮,不过也正是在此一时期,崛起一种新的过去观念,此一观念在接下来的两个世纪强化起来。这也就是人们所谓的辉格党的历史解释,不过,此一称谓显然是错误的。此种过去观念,实际上已经在十八世纪、十九世纪和二十世纪,对整体的不列颠建制实施了全面灌注,无论是辉格党还是托利党都包融其中。此一观念既塑造了丘吉尔的心灵,也塑造了伯克的心灵;而且也的确化育了丘吉尔内心最为深沉的信念。尽管在学术研究领域,此一观念已然遭遇了审视和批判，但是在同希特勒的那场激烈斗争中，此一观念以至不列颠自身的角色界定，仍然保持了全部的效能并扮演了有效的角色。① 实际上，这是一种信仰，据此信仰，英格兰体制和西方世界的其他体制都不一样，英格兰体制是从撒克逊时代缓慢生长而来；如同珊瑚礁那样，英格兰体制依托一个个先例逐渐累积起来，建立了自由的堡垒，创造出诸如议会和立宪君主制这样的制度。要完成这样的工作，需要多个世纪时光的打磨，还需要经历众多的苦难；这古老的渊源、这漫长的生长过程，令英格兰体制收获了特殊的优越性，也正是因此，不列颠历史成为全人类的道德范例，当然也是政治范例。此类信仰不仅在政治圈子、宗教圈子以及公职人员和海军人员当中普遍盛行，而且还以极为进取的宣讲方式，向着工匠和书记员构成的中产阶级下层渗透。大主教法拉，拉格比公学的伟大校长托马斯·阿诺德的门生，《艾瑞克的一步步沦落》（《Eric, or Little by Little》）这部极具情感感染力的作品的创作者，是英格兰历史之神意命数的坚定信徒。他那丰沛的雄辩之音，如同春雷一般，充斥在伦敦郊区各地繁衍起来的文学机构中。1857 年 10 月 13 日，他在哈罗文学研究院的演说中告诉自己的听众：

> 历经民族的动荡，人类伟大的思想生生不息：在衰落的民族和衰败的种族的土地上，生长起英格兰伟大民族的强壮枝干，比

---

① 参见，Plumb, "Churchill, Historian", in *Churchill: Four Faces and the Man* (1969), particularly, pp. 119-24, 149-51。

之前所生长的民族更伟大、更优秀、更完美——不列颠人传承给我们信仰和敬畏；罗马人给我们法律和秩序；撒克逊人给我们自由和男子气概；丹麦人给我们力量和勇敢；诺曼人则是他们的修养和进取心。他们死了，离开了此世；而我们，他们的子孙，比谁都尊贵。"在最重要的时代文献里，我们是所有前代的继承者。"①

在法拉看来，每一个伟大文明都借由神意而担当了特定的使命：

> 每个民族都有自己的任务要做：希腊在她灭亡之前，使美的观念臻于完美。罗马完善了秩序的概念，犹太传播了启示的知识。其他民族也有过他们的任务，做过或失败过的都已经消失了。②

据此，民族性质的过去便可以同基督教版本的过去协同起来，发挥效能。这两种版本的过去绝不至于相互伤害。上帝可以是基督教的，也可以是不列颠的、法国的、德意志的、西班牙的或者美国的。并且和基督教的过去一样，民族主义者的过去也能够同芸芸众生产生契合。可以用沙文主义修辞来描摹过去，以此激发民众，也可以用非常精致的方式表述出来，以极具学院派特质的论说工具以及哲学申述作为支撑，如同伯克所作的那样。虽然遭遇了致命打击，并且肯定已

---

① Rev. F. W. Farrar, *The People of England* (n.d.), 36。
② Ibid. 7.

经濒临死亡了，但是，此一神话仍然存续着，而且仍然发挥着效能；在职业历史圈子当中，此种过去观念差不多已经销声匿迹了，不过在英格兰中产阶级的阅读群体当中，此种过去观念仍然在为这个阶层之自我所遭遇的挫折提供支撑。

切不可认为唯有英格兰才会这么运用过去。在过去的三百年间，对过去的此种运用方式在欧洲已然是司空见惯了，这是侵略性的民族主义的自然结果。天定命运展现为众多形态，或粗野或精致，世人都见证了此一观念是如何在法兰西和德意志发挥作用的，甚至过去百年间的意大利，也可以见证到同样的历史现象。大多数国家或者民族的天定命运观念不像英格兰的观念精致，并且这些国家或者民族的天定命运观念在学院派圈子中也更少得到认可，也许德意志是个例外。类似的神话叙事在美国也存在。那种严格的加尔文宗的过去观念，也就是圣经的过去、福克斯的过去以及新以色列的过去，已然抵达终结点，在乔纳森·爱德华兹那里收获了令人哀婉的终局。[1] 不过，神学过去的死亡并没有令美国从此种特殊的天命意识当中解脱出来。宗教的过去穿上了世俗的外套。[2] 此一崭新的世俗版本的过去观念，借由革命叙事而得到了强化，据此观念，美国革命尽管有法国革命紧随其后，但也是一桩独一无二的事件，原因就在于法国革命因为恐怖体制

---

[1] Peter Gay, *A Loss of Mastery: Puritan Historians in Colonial America* (California University Press, 1966)。

[2] 确实，美国很快便接纳了辉格党的历史解释，将美国对自由的热爱溯源于"哥特"的过去，撒克逊的过去。参见, Samuel Kliger, "Emerson and the Usable Anglo-Saxon Past", *Journal of the History of Ideas* (1955), xvi 476-93。

和独裁体制而遭到玷污了。十九世纪的历史学家们，确切地说，就是那批伟大的浪漫派史学家，诸如班克罗夫特、莫特利、普利斯科特和帕克曼等人，也都如同威廉·布拉福德一样，认为美国较之已经沦落的欧洲邪恶世界，更为洁净、纯正，更少腐败，更接近上帝以及神圣之道。由此，美国便成为一个法庭，一切历史都需在此接受审判。①当然，这批浪漫派史学家在具体叙事方面都做到了足够的精确，原始文献也如同旗帜一般标示在他们的作品当中，不过，他们并非真正意义上的历史学家。美国需要一个新的过去，他们正是这个过去的创制者，他们从那古老的神学过去当中接纳了众多元素，同时也将诸多新的纬度纳入其中。他们当然维系着特殊天命的意识，不过，他们也都对美国的历史境遇实施了精巧的运用。他们将美国的过去视为一片遥远且空旷之地，大自然居于至高的主宰地位。新大陆远离了欧洲的老迈腐朽，并养育了更为强韧，更为刚正、高贵，也更为纯正的血统，不像欧洲那般精巧，但更为诚实。同大自然的斗争滋养出真正的男子汉气概；在新大陆，无论是山川还是草原，都散发出孤傲的美感和不容触及的庄严，正是如此美丽、如此恢宏的大自然吸引并养育了一个

---

① David Levin, *History as Romantic Art* (Stanford University Press, 1959), 24. "阁下这部作品展现出缜密且不知疲倦的研究态度、绝对忠实和公正，不难意识到，您已经充分领会到了美国出版业所担当的崇高使命，这是一座正在升起的审判席，这座审判席将要把全世界召唤到面前，对历史实施修订或重写，过去时代的评判则要么遭到撤除，要么得到认可。"(Washington Irving to Motley, loc. cit.) 也可参见, Richard Hofstadter, *The Progressive Historians* (New York, 1968), 15 ff。不过，辉格党历史解释在浪漫派史学潮流崛起之前便已经获得稳固地位了。参见, Kliger, op. cit. 457，据克里格尔记述，早在1799年的时候，辉格党历史解释便已经得到了强有力的表达。

高贵且刚健的族群。① 很显然，这样的过去观念是专为东北部和西部创制的。不过，这样的过去观念的效能则涵盖了整个美国。此种观念之于中西部农夫的吸引力是不言而喻的。不过，对于新英格兰的社会精英群体，其魅力无疑是最为强烈的。这使得他们能够从意识形态上傲然蔑视商业、金融和工业，尽管这个群体在实际上对这些领域是拥有极强的掌控力度的。移民和工厂工人如潮水般涌来，此一过去观念令这个精英群体强化自身的优越感，毕竟，这个群体对移民和工厂工

---

① 当然，此处指的是白人男人。此一版本的过去观念是白色的，而且也如同英格兰和德意志的过去观念一样，都是种族主义的。这样的过去观念当然可以用来证成奴隶制，而且部分美国人也确实是这么干的，奴隶制取消之时，此一过去观念又用来为黑人所遭受的压迫提供证成。的确，特殊的白人使命感蕴涵在美国历史当中，这也就使得新生的中西部各州满怀自信地对黑人采取了严厉的种族主义政策。社会精英阶层可以依据同样的天定命运或历史命运，对黑人盛气凌人，甚至予以蔑视，他们也确实这么干了。黑人则如同欧洲的无产阶级一样，除了为数寥寥的抗议神话之外，并无过去可言，内特·特纳就是他们的罗宾汉。此番情况中存在一个奇怪的例外，那就是对印第安武士的日益理想化处理，见费尼莫尔·库珀、亨利·朗费罗等人的作品。关于白色过去之于种族主义态度的影响力，参见，Winthrop D. Jordan, *White Over Black: American Attitudes to the Negro, 1550-1812* (Chapel Hill, 1968); V. J. Voegeli, *Free but not Equal: The Midwest and the Negro during the Civil War* (Chicago, 1968)。有意思的是，过去两年见证了黑人力求获取自身之过去的决心。和众多的白色过去一样，此一黑色过去同历史也谈不上什么关联。此一事态的一个显见例证就是小学读本《自由入门》。同样的情状在加纳也可以见证到，加纳人借由墙壁上的绘画来表明是加纳发明了字母表和蒸汽机。对此，无须嘲笑，也无人值得嘲笑；白人的过去观念当中也不乏同样肆意的假设，而且也完全是为着同样的目的，确切地说，就是要创造自信心以及特殊的优越感。的确，在加纳这么一个仍然存在奴隶市场的国度，在蒸汽机和字母表方面提起主张，是否比在"自由""公共自由"以及"平等"这样的观念方面提起主张，显得更谦虚一些。白人的历史也不是以清晰、如实的图景见长的。

人是十分憎恶的。①

　　这批浪漫派历史学家,极为切近瓦尔特·司各特爵士和费尼莫尔·库柏,不过,他们对于欧洲在过去观念问题上发生的态度转变也是十分敏感的。那种包罗一切的、简单的基督教版本的过去观念已然消散了,在欧洲填补这个空缺的是多个而非一个新版本,依托天定命运观念建立起来的民族主义叙事,无论是粗野的,还是精致的,都只是其中之一。十七世纪和十八世纪,众多欧洲智识人物也关注人类历史和制度领域的种种问题,这些问题都跨越了民族界线,也跨越了种族界线。一方面是对中国的精致文化有了了解,另一方面则是对原始部族生活有了了解,此类知识催生了一系列的问题,这些问题依托诸如奥洛西乌斯或者尤西比乌斯的古老基督教年代记叙事,是无法化解的,尽管也有人作出了这方面的尝试,而且还颇富技巧。实际上,自1660年之后,古老的基督教紧身衣便日渐丧失了效能,并且也开始朽坏了。不过,这件紧身衣所用的纺织材料却是异乎寻常的强韧,依托对《圣经》的字面解释而建立起来的基督教版本的过去观念,其社会效能已渗透到千千万万人的日常生活当中,并且在1660年之后延续了很多代人的时间,即便在包括科学家、哲学家、社会学家、法学家和史学家在内的智识圈子中,基督教版本的过去观念已然沦落碎裂境地。从文艺复兴晚期到十七世纪末,这一时期对基督教过去观念的攻击浪潮得以强化,这主要是因为人文主义的发展以及科学的发展。对

---

① 当然,截止到十九世纪晚期,随着财阀体制的成长以及大规模产业工人群体的诞生,此一过去观念倒也催生了一种良知危机,此一危机的最佳明证莫过于马克·吐温的生平和作品了。

前基督教的异教过去的仰慕和惊奇感主宰了艺术和科学王国；与此同时，希望的种子也在生根发芽。博丹、培根等人纷纷力证，人类所能做的不仅仅是找回希腊和罗马的那些辉煌智识成就，人类是能够超越他们的，而且，随着印刷术、指南针以及枪炮的诞生，人类已经开始这么干了。① 截至1700年，科学、技术取得大幅度发展，知识之累积进程也开始明显提速，由此便强有力地印证了博丹、培根等人的此一信念。实际上，此一信念不仅仅是得到了印证，更得到了大范围的接纳，当然在此一时期还不至于涵盖所有之地，不过在如此短暂的时间内就有了此等范围的传播，这在世界历史上尚属首例，这要归功于印刷术的应用。毫无疑问，印刷术是一项技术成就，在此一时期的观念史学家眼中，其影响力一直都遭到低估，也可以说并未得到足够的认可。正是科学、技术以及地理学领域的革命浪潮，令富于头脑的西方人开始重新感受自己的过去，并且也开始重新感知人类的过去，当然，这其中，自身的过去才是重中之重。由此，过去便获得了多样化的呈现，无论在时间上还是在地域上，都是如此。不过也不可忘记，所有史学家都是在基督教的过去观念当中养育起来的，其强烈的叙事感、善恶冲突的精神架构以及那种认定上帝之意图注定了善者最终胜出的信念，也都是从基督教的过去观念当中化育而来的。将此类进步观念化为非基督教的普遍世俗观念是很容易的事情，只需要将推动进步的能力从上帝那里迁移到人之本性当中就可以了；据此，恶就是无知；善就是理性。就如同上帝必将战胜撒旦那样，理性也必将战胜无

---

① J. B. Bury, *The Idea of Progress* (Dover ed., 1955), 37-63.

知。借由对周围的世界展开理性思考，一个人就能够实施自我改进，同时也能够对制度实施改进。不过，没有学者相信此一进步过程会是一个简单且没有中断的过程。人是恐惧、习惯、迷信的混融体；往往都是愚蠢、贪婪和自我中心的；往往都是见木不见林，没有能力远观未来的。因此，人性仍然是斗争的核心。过去，整个的过去，无论是异教的、中国的还是基督教的，都揭示出理智的不断生长过程，无论人性在其中遭遇了何等的挫折。法国哲学家群体在考量过去时，也并非盲目的乐观主义者。实际上，他们都很清楚人类的邪恶、贪婪和苦难。不过，他们也如同基督徒那样，深信进步，而且这很可能就是因为他们都是以基督徒的血脉养育起来的，因此，他们都深信，人类承载着更高的命运，此一命运是过去已经揭示了的，不仅仅是物质层面的揭示，更是道德和社会层面的揭示。[1] 进步观念由此灌注于智识世界，美国的这批浪漫派史学家就在其中完成了自己的职业教育。当然，没有人会相信进步是直线的，因此，历史学家会为此一进程甄选相应的引领者，希腊人、罗马人、荷兰人、西班牙征服者、新教徒，当然，最终的领导者角色则落定在美国人身上，由此将一个民族的天定命运同人类的命运联结起来。

到了1800年，进步观念已经传布甚广了，并且也已经成为一项有着十足效力的工具，可以用来组织素材，构筑一种新的过去观念了，此类素材拥有巨大的时间涵盖度，尤其是1750年到1850年这个百年间地质学和考古学发掘出的那些素材。古老的基督教年代叙事遭

---

[1] 参见，Charles Frankel, *The Faith of Reason* (New York 1948)，可以说，这部作品是对十八世纪进步观念最深刻的探究。

遇了种种难题，此一困境在布丰时代已经是足够糟糕了，但是，当一个名叫弗雷尔的萨福克绅士在自己位于萨福克霍克斯内的田地里面捡到那柄显然是人工而成的手斧之后，基督教年代叙事的麻烦就更大了。这柄手斧位于沙砾层中，由此也就使得乌赛尔大主教论定的公元前 4004 年这个亚当创生之日，沦为彻头彻尾的荒谬之论，实际上，此一时间论定此前很久就已经开始引发怀疑了。不过，能够将此一论定送入荒谬坟墓的显著证据如今总算是出现了，而且类似的证据很快便大量涌现出来。遥远的过去，无论是考古学上的过去，还是地质学上的过去，散布在欧洲各地，如丹麦沼泽、瑞士湖泊和西班牙洞穴。[1] 此一过去拥有爆炸性的效能，而此一效能是公元 4 世纪以来见所未见的，在公元 4 世纪时候的那场变迁中，古老的异教过去走向衰解，随后便部分地被摧毁了。的确，过去经历的这场危机，其剧烈程度以及在智识王国造成的震荡，并不逊色于中国的古典过去于二十世纪遭逢的毁灭。时间对一场新的综合发出了召唤。恰在此一时期，进步理论在启蒙哲学家的耐心琢磨之下，虽然已经臻于精微境地，但也开始遭遇世事潮流的打击，而浪漫主义的新意识形态氛围对此一理论也是虎视眈眈。当然可以肆意嘲讽此一理论，将之视为愚不可及的乐观主义，这是很容易的，只要看一看人类历史上帝国的兴衰以及欧洲发生的动荡、战争和暴政，就足够了。无论是那柄手斧，还是欧洲的经验，都足以揭示出人类是有能力不断上演退步故事的，无论是民事

---

[1] Glyn E. Daniel, *A Hundred Years of Archaeology* (1950); Charles C. Gillispie, *Genesis and Geology* (Harvard, 1951)。

领域,还是道德领域,都是如此。

当然,进步观念并未烟消云散;毋宁说,进步观念如同染料一般,已然浸润了一切的思考,而且进步观念自身也是有着显见事实作为支撑的,那就是欧洲取得的令人难以置信的技术发展和物质增长。对麦考莱粗糙且肤浅的心灵而言,这就足以成为充分证据,而且他所信守的还是简单形态的进步理论,并将之同辉格党的历史解释融合起来,这其中也时不时地闪现出沙文主义的锋芒。然而,麦考莱此等做法,却也为不列颠民族之主体阶层提供了一种颇具效能的过去,不列颠民族借由此可以在当前时刻纾解自己的良知,并乐观地看待未来。①

但是对史学同行以及大部分哲学家来说,这样的态度太过乐观,也太过天真了。在一些人眼中,黑格尔提供的盛宴显然更为受用;另一些人则对达尔文主义的社会意涵恭敬有加,尽管那只是对达尔文主义的粗浅理解。显然,黑格尔和达尔文都强化了那种以民族袍服包裹起来的命运意识,并令过去得以在一个鼓荡着帝国主义侵略和竞逐氛围的世界当中,成功地获取了一席之地。达尔文主义同样也在美国取得了牢固的立足点,在此一时期的美国,工业增长和急速的城市化进程带来社会生活的复杂性,使得浪漫派史学家的那种直接的进步理论日益不足敷用了,至少在更为精致的东部地区是这样的。②此外,这一时期,美国自身也开始了侵略性的扩张政策,类似于帝国主义,这就使班克罗夫特、爱默生等人提起的美国之道德纯洁性的论说,显得

---

① J. H. Plumb, "Thomas Babington Macaulay", in *Men and Places* (1963), 250-66.

② Richard Hofstadter, *Social Darwinism in American Thought* (Philadelphia, 1944); J. W. Burrow, *Evolution and Society* (Cambridge,1966), particularly 113-16.

不合时宜了，如果不是说沦为笑谈的话。无论是社会达尔文主义还是黑格尔主义看起来都同基督教版本的过去观念相距甚远，然而，两者也都秉持了基督教过去观念的基础动力，即对发展、变化乃至终极命运的信仰。社会达尔文主义之所以会产生如此巨大的吸引力，是因为此一理论看起来是植根于历史、人类学和自然科学领域的一系列发现当中。基督教若是放在神学家手中，会变得相当精致；若是放在骑士武夫手中，则会变得相当粗野。跟基督教的此一情形一样，自然选择理论也会在科学家手中成为一个复杂的理论体系；在政客手中，则会成为直截了当的宣扬辞令。然而，达尔文主义将一种强有力的结构赋予过去，此一结构看起来是科学式样的，而非神话式样的，由此令达尔文主义的过去观念在早期工业社会这一全新背景下，拥有十足效能。这样一种过去观念，既可以运用于一个民族内部，也可以向全世界铺展开来。在一个充斥着帝国主义争斗的世界里，此一观念所预言的未来看来是足够切实的——战争、暴力以及适者生存，当然，统治者和统治体制将适者解释为强者，至今依然如此。

基督教之过去观念的废墟之上，生长出来多种庞大且普遍的过去观念，达尔文主义只是其中之一。毕竟，民族主义也只是十九世纪社会的一个侧面而已。革命的社会主义素来以普世理论自傲，激进派也需要自己的过去观念，以便借此令他们就未来给出的预言获得必然性。实际上，这跟达尔文主义一样，并非一场突然的爆发，而是经历了一个缓慢生长的过程，此一过程恐怕要回溯到十八世纪的最后几十年了。1847年，马克思和恩格斯在《共产党宣言》中勾勒出社会主义者的过去观念，并在大量的论辩作品中予以详细阐发。

众所周知，此一过去观念，在启蒙遗产和同时代哲学之间实施了大量的融合。具体的方法采自黑格尔，观念元素则来自达尔文，尽管达尔文拒绝接受《资本论》的题献。① 此处无意就马克思和恩格斯之成就的内容和影响展开分析。毫无疑问，马克思和恩格斯铸就的此一过去观念是根本性质的。此一过去观念完成了对基督教过去观念的彻底世俗化，但没有取消其架构。历史仍然是一桩叙事，仍然是善恶之间的冲突，仍然蕴含着目的，此一目的仍然注定了引领历史走向不可避免的终局。过去仍然为未来效劳，是未来的向导。一以贯之的历史分析，是革命的马克思主义的根本。它的意图不仅仅是确立希望，而且也像基督教的过去观念一样，要容纳牺牲和苦难，而且它也确实做到了。马克思主义毫无疑问遭遇了种种变通、扭曲和修正，不过，说到底，马克思主义的影响力影响了所有的激进思想，并且借由对过去的解释，将对未来的信心赋予了激进运动。然而，此一过去观念显然是要付诸运用的，并非全是历史。辩证法是如此简单、清晰、严格且一以贯之；一切社会都必然经历同样的发展阶段，而且中国的历史也必然和欧洲历史一样，穿着同样的紧身衣。同时，如同其他版本的有着社会效能的过去观念一样，马克思主义的意向是道德性质的；确切地说，据马克思主义的过去观念，其意向不仅仅是要创造一个更好的

---

① 1931年苏联《在共产主义旗帜下》杂志发表了达尔文写于1880年10月13日的一封信，信中写道，"但愿不要把第一卷或其一部分题献给我"。编辑在按语中说明，此信是"达尔文对马克思请他审阅引用进化论的有关章节校样的复信"。这就是达尔文拒绝马克思题献《资本论》传言的由来。1975年，加拿大学者刘易斯·弗埃发表文章，考证出这封信是写给马克思的女婿爱德华·艾威林的。一年后，研究人员发现了艾威林请求将自己的著作题献给达尔文的信函原件。——译注

世界，这个世界是必然要诞生的，而且还要对个体实施强化和训练，令个体成为过去之效能的代理人，进而成为未来的助产士。这样一种过去观念是世俗化的，也是伪科学的，不过，此一过去观念在现代的一切过去观念版本中，拥有最强大的效能，赢得了千千万万的追随者，尤其是在半文盲和落后的族群当中，马克思主义的过去观念也和此前的基督教过去观念一样，激荡着希望。但是在二十世纪晚期的社会背景下，其弱点也不免显现而出。其直接的预言正如早期基督教的预言一样，被证明毫无价值的。不断的提炼和调整也已然销蚀其粗朴特质，其直接特质则部分地归于消散，至少在智识阶层看来是如此，当然在无知大众当中是否如此，尚且难说。而且，可以说，无论中国发生什么，马克思主义的过去观念都不可能在中国产生其在俄国未来数代人当中拥有的那般效能。基督教的过去观念和马克思主义的过去观念之间还存在另一项平行类似之处，这是需要予以申述的。基督徒相信时间将会终结，到时候，一切人都要接受审判，要么获救要么受罚，到了那个时候，过去之效能将会尽数消散。马克思主义辩证法也设置了一个历史终局，到了终局时刻，过去的实际效能也将归于消散。马克思主义者相信，阶级冲突迟早是要终结的，国家也迟早是要消亡的。此种境遇之下，过去将归于无用和死亡。过去之存续完全是因为政治谋略和策略上的需求，人们需要借由过去来分析斗争形势并对此展开预测，而斗争本身则是指向一个无阶级、无国家的社会状态的。过去之死蕴涵在马克思主义的意识形态当中。当然，这并不是说马克思主义者期望人类不再对历史发生兴趣；这显然是荒谬的。人类的好奇心是长盛不衰的，不过，好奇心同那种有着积极社会效能的过去显然是不同的,那样的过去是未来之战的武器,那样的过去是一个命运的进程。

作为命运的过去在非马克思主义世界当中,更接近死亡境地。很少有人会接纳社会达尔文主义或者天定命运观念给出的粗糙分析和预测。的确,倘若认定在陌生的人类群体当中,唯有适者生存,那么谁还会思考过去这个问题本身呢?至于天定命运,则更是绝少有谁能如同鹰隼一样,翱翔到此等高度。我们的祖先一度寓居其中的那种粗野的基督教过去观念,即便没有死亡,也已经病入膏肓了。在西方社会,人们已经不再借由思考过去来预言未来;此举几乎无法提供什么指引。我们已然学会了将问题归入时间轨道,学会了运用电脑,学会了就时间当中的问题寻求其他答案。有多种未来都是可能的,而且也都是可行的,人们已经意识到其中的复杂性。预测将会得到不断的改进。当然,未来之地已然大片地隐没在黑暗当中,但是,几乎已经没有人指望过去的经验能在多大程度上照亮这些黑暗且危险的地带了。此一情状,对技术人员和科学家而言,是特别真切的,正是这些人引领着人们的生活。是否应当如此?这个问题是必须予以探究的。

第三章　历史的角色

　　那伟大的基督教的过去观念，及其十九世纪的种种变体，都依托人之堕落和救赎这一古老且恢宏的论题施展开来，说实在的，十九世纪的种种过去观念顶多也只能说是基督教过去观念的变体。如今这一切的变体以及母体，都已经坍塌了。废墟、碎片、跌落尘土的石碑、撕裂的屋顶，令人类思想破败不堪，一片乱象，在地平线上升腾起不祥的阴影。陌生人群在废墟中行走，有人哀婉不已，急切地呼吁修复，以便尽快恢复那古老的智识建筑；有人攀爬到破败石柱的顶端，极为自信地宣布过去已然烟消云散；还有人则是瞎了眼，在废墟当中蹒跚而行，不知道发生了什么事情。这种种的宣示和姿态都不可能令人类得到什么慰藉。已然死亡的过去之废墟能清理干净吗？如此精致的扭曲之作，同我们的思考和感受有着千丝万缕的关联，能不能将这些东西从我们的智识遗产中打扫出去呢？倘若有可能做到这一切，那么这么做合适吗？倘若这一切是可能做到的，那么人类还能够在没有过去意识的情况下，坦然且满怀希望地面对未来吗？如果做不到这一点，那么是否能够铸造一个新的、更为真切的过去，来填补过去之死留下的信心真空呢？我敢说，这些问题正是我们社会面对的核心问题。没有历史学家可以忽视这些问题。多个世纪过去了，历史如同蚝虫一般，在过去这一庞大机体当中咬蚀，将木料蛀空令其结构坍塌。既然过去已然坍塌，那么历史学家能够为人类重铸一个更为可行的过去吗？或者说，这是不是对历史学家提出了过高的要求，就如同令一个外科医生放弃自身的技艺，转而探究如何创造生命这个问题呢？

至此，我一直都在探讨过去。我尽量不去运用"历史"这个语词，不过，如果能够完全不用这个语词，那就更好了，至少到目前为止是这样的。历史学家都在勤勉工作，在史学之性质和方法问题上写出了大量的作品，甚至超过了恰当的限度，尽管如此，在西方，极少有人就史学之目的或者效能问题达成一致。① 在威权主义国家，从波兰到东方，情形当然不会这么复杂，毕竟在这些国家里，历史和过去不过是连体婴儿的两个脑袋而已。历史不过是对教条主义过去的阐发而已。历史当然可以对过去进行润色，但不能改变它。不过在威权主义的欧洲和亚洲，即使是这样的情况也给人名不副实之感，更多的是他们的愿望，但在实践中兑现得如何，就很难说了。不管怎么说，西方的历史学方法，是经历了众多世纪的时光化育而来，对一切的教条论断都有着内在的摧毁性力量。此外，斯大林对古老的布尔什维克过去实施的重塑、赫鲁晓夫对这个过去实施的去斯大林化，都是要求对并不遥远的过去进行重造的，因此，这样的举动必定会动摇教条的地位，并培育出怀疑精神和批评精神。意识形态墙壁之上已经出现了严重的裂缝，历史学家是可以在其中向着纵深拓展的。倘若俄国如同中

---

① 有关历史学之性质的文献数量巨大，而且还在日益扩张之中，更不用说历史哲学方面的文献了。过去一百年间，在这方面比较有名的一些作品的情况，可参见，*The Varieties of History*, ed. Fritz Stern (New York, 1956), 以及, Hans Meyerhoff, *The Philosophy of History in our Time* (New York, 1959).

华帝国那般孤立隔绝,对过去实施重造倒也并非不可能之事,而且此类重造也完全有可能主宰数代人的时间;但是,俄罗斯不可能游离在西方之外。历史教条,如同今天俄国所践行的那样,是没有可能以当前形态维系太长时间的。很快,俄罗斯及其卫星国就不得不面对自身的过去观念遭到历史学实践侵蚀这个问题了。

然而,长篇大论地就历史学的性质或者历史学确立客观真理之能力的问题展开哲学论说,是徒劳无益的。实践的历史学家类似于实践的科学家。实践的科学家对于科学哲学并无多大兴趣,而且也不怎么会用到科学哲学,同样道理,实践的历史学家对历史哲学也不会有太多的关注。历史学家当然知道历史是存在的,并且在历史考察所需要的方法上接受训练。历史研究同袭承的过去之间的冲突,将会日益剧烈,这一点,历史学家同样心知肚明。

倘若上述情状没错的话,我倒也完全可以明确我自己的看法了。我相信,历史学的目的就是对人的理解,既包括个体的人,也包括时间维度下、社会关系中的人。社会元素包容了人的一切活动,经济的、宗教的、政治的、艺术的、法律的、军事的以及科学的,尽在其列,说白了,就是影响人类生活的一切事物。当然,历史研究肯定不是静态的研究,而是对运动和变化的研究。不仅仅是要尽可能精细地运用证据材料去找寻世事的实际情状;而且也要查明为何是这样的情状,以及为什么发生了变迁;毕竟,没有哪个社会是可以静止不动的,一个都没有。尽管我们自身以及我们的社会承载了难以尽数的过去之遗迹,不过,我们同时也已经放弃、忽略并失落了多得多的古老事物,我们已经在更大的程度上超越了过去。不过,我们历来也都是为时间所塑造的，所有人，从马来亚丛林中裸体的矮小黑人到洛克菲勒研究所的诺贝尔奖获得者，都是时间塑造起来的。这是不言自明的真理，不过，此一塑造进程是如何展开的，却是一个极为复杂的智识问题。为解决这个问题而找到的素材本身就是时间进程遗留下来的，诸如文献材料、人工物品、石碑乃至我们生存其中的地理区域，以及我们操持的语言等等，此类材料的数量及其组合，可以说都是无限的，但也是可以予以疏离并予以阐释的。为探查此一进程而用到的历史方法和技术，则都相对年轻一些；其中大多数，诸如考古学、古文书学、地形学、社会学、语言学、人口统计学等等，历史学家将之付诸运用的时间也不过是一百年略多一点。历史探查的目的是要就人类社会活动之历史变迁中的基本问题寻求答案，其表现形式为概念和归纳。对社会所作的此类归纳，当然不足以形成恒久定论，相反，任何归纳一直都是尝试性的。不过，历史的归纳也必须尽可能地精确、科学，从而将细致的研究以及对人类现实的深刻意识都推进到极限。因此，历史学家的目的在于不断深化对人和社会的理解，这不仅仅是为历史研究自身的目的，更是希望更渊博的知识、更深刻的意识能够帮助塑造人的态度和行动。知识和理解不能止步于否定性论述，知识和理解之最终目标只能是行动。①

---

① 历史学家普遍错误地认为，对客观性的追寻必定以否定性论述告终，比如，罗伯特·林德教授就申述说："因此，所谓历史学，就等于是一个除了发现过去之客观真相之外，便没有别的指导原则的航程，因此，历史学便成了一桩浩大的、漫无目的的事业。"转引自, Howard Zinn, "History as Private Enterprise", in *The Critical Spirit: Essays in Honor of Herbert Marcuse* (Boston, 1967), ed. Kurt H. Wolff and Barrington Moore, Jr, 174.

此一历史观念,本质上也正是当代最伟大的历史学家马克·布洛赫所持的观点,此一观点,我认为当然会得到尚在执业的历史学家们相当程度的赞同。布洛赫融合了两大特质。他拥有足够的能力,可以从一切既有的过去观念当中超脱出来,并以客观态度对历史问题展开探查。不过,尽管他赋有此种超脱的品性,但他的想象力、创造力以及对人性的感受力,却也灌注他的历史研究工作当中。而且,尽管这看起来有些奇怪,他对生活有着奇妙而广泛的热情,令他的历史作品获益匪浅,这种热情来自他从生活中得到的乐趣。他热爱生活,无论是自己的生活,还是他人的生活,正因为他的这种热望,他的史学技艺是相当活跃的。历史学于布洛赫而言,不可能是没有目标诉求的纯粹学者技艺,即便那是富于想象力的探查。确切地说,在布洛赫看来,历史学必须就人类生活提起正面申述,必须接纳社会生活的诸多原则,而且,我在此还要着重强调一点,那就是,历史学必须学会创造希望。许许多多的历史学家都会满心欢喜地拥抱布洛赫的方法,但是他们都拒斥布洛赫要求历史研究予以接纳的那个目标。的确,在这个问题上,布洛赫居于一个非常弱小的少数派地位。在二十世纪,越来越多的历史学家都开始将批评方法和职业论辩本身视为自足自为之事。然而,在这个问题上,不妨看一看历史学实践本身,看一看布洛赫本人的作品,尤其是他对中世纪欧洲生活实施的那种令人仰慕的考察和重构;据此,便不难见证到一个异乎寻常的现象。其他任何社会、任何文明,都不曾养育出布洛赫这样的历史研究。到了二十世纪初期,西方文明已然发展出一种全新的历史类型,布洛赫很清楚,自己从事的这门科学是非常年轻的:

因为历史不仅仅是一门运动中的科学。就像所有以人类精神为目标的科学一样,这个理性知识领域的后来者也是一门尚处于起步阶段的科学。具体解释一下,只是一种在胚胎时期长期发育的叙事,长期被传说所束缚,更长期地仅专注于最明显的事件的叙述;它作为一种理性的分析尝试,仍然非常年轻。①

二十世纪的职业史学同史学先辈创立的那种史学之间,是存在巨大距离的,就如同现代物理学同阿基米德之间的距离一样。此外,科学之进展同史学之进展是类似的。当今之世,较之以往,有着更多的历史学家在从事史学职业;说得准确点,今日之历史学家的数量超越了往昔之总和。由此,作为一支社会力量,历史学家群体的潜能无疑是相当巨大的,考虑到历史职业群体当中的绝大多数人都直接担负着年轻人的教育职责,这样的潜能就更为突出了。然而,此等境遇也造成了一种悖论,一方面是过去已然沦为废墟,另一方面则是一个历史研究极为繁盛的世界。这些现象都不是孤立的;这一切境遇也是全然交织在一起。

要充分理解当前境况,理解历史学的智识力量及其社会弱点,就必须看一看史学史,必须努力解决如下一个复杂问题:为什么西欧社会与美国社会变得如此热衷于发掘历史真相,无论此一发掘工作最终导致怎样的结果?为什么历史学本身会成为一门职业?甚至早在布洛赫所谓的胚胎时期,历史学就已经展开了奋斗历程,不仅仅是为着准确性,也是为着分析,为着描述生长过程,以及为着从根本上重建过

---

① Marc Bloch, *The Historians Craft*, trans. Peter Putnam (Manchester, 1954), 13.

去的社会。

中国和西方的史学角色之间的对照是富于启发的。在中国，王朝的不断更迭积累起庞大的历史材料，其数量和种类并不逊色于整个西欧，时间跨度之长，则胜过西欧。然而，中国人运用史料并对其进行概括归纳时所依托的方法，则并没有因为王朝更迭而发生根本性的变化，确切地说，中国史学家运用史料，是出于诸般实用目的，这样的目的在二十世纪早期同唐朝或者汉朝，并无不同。在依托传统归纳工作建立起来的信条框架内，当然可以对史料展开提炼，并且提炼得相当精致，偶尔也可以越过王朝语境，考量一下制度的成长过程，不过，中国史学从未发育出一套自我批评的机制，以及发现历史真相的机制，从未对历史归纳展开无情考量，也从未对文献卷宗实施有目的的追索以便证明相应的假设，而这一切正是西方史学的特质所在。结果，当中国传统史学在十九世纪晚期开始衰落之时，就只能陷入混乱和困顿境地。中国历史学家在西方的中国研究者的襄助和刺激之下，迅速掌握了西方的归纳之法，尤其是马克思主义的归纳之法，将之运用于中国史料。然而，此举无异于将高级化学的精细概念运用于大批量新发现的生物学素材当中。西方史学的种种归纳是漫长的细致论证之后提炼而出的成品，在其中，归纳以及新发掘的事实之间依然形成了日益精致的对话机制。将此类归纳以任何有意义的方式运用于既存的中国史料身上，完全是不可能之事。一旦传统的归纳论断失去效能，中国史学必将彻底碎裂。当然，王朝叙事依然会存续下去，不过，历史解释却消散而去了。说白了，王朝叙事既不能提供一种富于效能的过去观念,也不具备历史分析和历史解释这样的核心能力。①

为什么历史在欧洲发育起来,而在中国却始终未能冲破过去之铁篱而为当前效劳呢?通常的答案都强调中国自身的隔绝和自足境遇。②不过,这个问题所触及的乃是更深的一个层面。说实在的,中国同其他文明并不是没有关系,也不是没有交往,尤其是同日本、越南、柬埔寨、印度尼西亚以及印度,它们的信仰和社会结构显然与中国是不一样的。而且,中国的圣贤尽管对中国文化有信心而且相当倨傲,但也不能说就因此失去了好奇之心。③**历史问题之缺失,令中国人的心灵很难触及历史问题。**对中国史学家来说,对中国学者来说,过去从他们自己的时代延展而出,如同大海一样,随着风浪四处漫卷,毫无界限可言。中国不曾经历延续数个世纪之久的文明塌陷;也不曾发生

---

① 关于这个问题,参见一篇极具分量且极富启发的文章,Arthur F. Wright, "On the Uses of Generalization in the Study of Chinese History", in *Generalization in the Writing of History* (Chicago, 1963), ed. Louis Gottschalk, 36-58; 也可参见, J. Gray, "Historical Writing in Twentieth Century China: Notes on its Background and Development", in *Historical Writing on the Peoples of Asia: Historians of China and Japan,* ed. W. G. Beasley and E. G. Pulleyblank (Oxford, 1961), 186-212。这部文集里面还有一篇相当有意思的文章, (pp. 135-66), 'Chinese Historical Criticism: Liu Chih-chi and Ssu-ma Kuang', by E. G. Pulleyblank, 这篇文章充分揭示出中国史学在自身那僵硬的归纳框架中,已然达到了何等精微的程度。当然,此一僵硬程度并不比基督教西方更高或者更低,而且,其中包含的材料和细节,则要比基督教西方多得多。不过,我始终认为,中国人之唯一关切在于创造一个教化性质的过去,在呈现方式上极尽精巧、复杂、缜密、精确之能事,但那不是历史。

② Wright, loc. cit. 39.

③ 关于这个问题,可参阅两部杰作,Edward H. Schafer, *The Golden Peaches of Samarkand* (University of California Press, 1967), 以及 *The Vermilion Bird: A Study of T'ang Images of the South* (University of California Press, 1967), 探讨了唐王朝对中亚、热带南方及异域奇形的兴趣。

过巨大的信仰革命，令往昔时代构筑起来的半壁文化江山归于尘土。因此，中国史学家和西方史学家必须展开历史解释的领域是截然不同的。① 欧洲智识人物甚至在公元四世纪和五世纪的时候，就已经有两种过去观念要去应对了。到了启蒙运动时期，他们需要应对的对手增添到了三个。此外，一直都存在另外两大过去观念，欧洲既与它们有地下接触，也有公开冲突，这两种过去观念同欧洲自身的过去观念深深地交织在一起，不过，在历史解释方面以及材料运用方面，双方都截然不同，其一是犹太人的过去观念，其二是伊斯兰教的过去观念。欧洲人的过去绝不曾拥有此等的一致性或者统一性，遑论中国人的那种包罗一切的确定性。欧洲能够而且也注定了要发育出批评史学，原因也正在于此。欧洲的过去观念领域是没有统一性可言的；异教的过去观念不可能完全消散，罗马衰亡这场大灾难对人的好奇之心是有着恒久魅力的，并且也由此激发出一个智识问题，令人们世世代代都致力于对此展开解释。

  毫无疑问，众多相互冲突的过去观念催生的种种问题，倒也并不一定就会导向我们所知的那些史学方法，不过，此类问题也的确催生出相当令人生畏的问题，这些问题都是需要解释的。公元四世纪和十六世纪的时候，准历史性质的神学作品以及教会史作品大量涌现，这本身就表明了过去观念领域发生了巨大变迁，而那样的变迁是需要解释的。欧洲意识形态史上的这两大关键时期，深深地影响了史学的成长；最起码也可以说，胚胎已经在过去的子宫当中播种下来，这些胚胎终究要成长为真正的历史。

---

① 中国史学家甚至无须经历希罗多德见识到底比斯之时的内心震动，底比斯的高级祭司已经历了三百代人的传承，这令希罗多德意识到希腊社会是何等年轻。

异教意识形态向着基督教意识形态的这场变迁，是极具启发意义的。基督之重新临在已然推迟，随之发展起来的是一个组织化的、等级制的教会，异端概念更是因此不断生长出来，最终，则是教会和国家的联合，这一切在公元四世纪的时候创造出一种需求，确切地说，就是需要以一种完全不同于异教史学家的方式来解释过去。基督徒命运当中的上帝之手必须向着极为久远的时代回溯，以致回溯到创世之时；教会之权能、主教阶层的至上性（以及后来教皇权威的至上性），这些也都是需要证据的，历史的证据和文献的证据。同样，对异端的定义是以历史上的历次宗教会议和大公会议的决议为依托的；教会和国家之间的关系，相当广泛地涵盖了财产和特权，也需要真实的文献证据予以证成。结果便是令基督教历史较之异教历史要排外得多。基督教毫无疑问是排外的，不过也是包罗万象的，因此，也就必须对过去或者予以解释，或者予以排斥；简单地予以忽略是不行的。正是因此，正如莫米利亚诺阐述的那样，一种新的史学形式才得以应运而生，这就是教会史，此一史学类型的第一个伟大践行者是尤西比乌斯。在当前的情境下，教会史的诸般特征都是有着相当分量的，其中主要就是其文献记录和论辩特质。所需要的恐怕并不仅仅是以编年形式记载过去，或者运用过去来展现伦理学以及哲学；恐怕还需要借由论证来证明过去观念之效能。新的基督教的过去观念在教会史当中走上神位，并且还要在接下来的千年时光中，主宰欧洲的意识形态，在此一过去观念当中，对我们所知的史学之进一步发展而言，有两个方面是至关重要的：其一是对文献证据的信仰；其二则是意识到，存在着必须予以反驳的另一种历史解释,即异教的过去观念。① 无论基督教的过去观念多么成功地赢得了大多数人的支持,两种过去观念一直都在冲突当中。

即便在中世纪这个所谓的"黑暗年代",罗马和希腊的过去仍然

---

① "我们很可能都低估了教会史对史学方法发展的影响。尤西比乌斯翻开了史学史的新篇章,这不仅仅是因为他创制了教会史,更因为他撰写教会史之时对文献的运用方式同异教史学家是完全不同的。"A. Momigliano, "Pagan and Christian Historiography in the Fourth Century A.D.", in *The Conflict between Paganism and Christianity in the Fourth Century*, ed. A. Momigliano (Oxford, 1963), 92. 莫米利亚诺的整篇论文极为重要,令我从中受益极深。他强调了基督教史学家是拒斥异教的过去观念的。他还指出,公元四世纪时候的基督徒,并没有特别认真地致力于培养基督教的李维或者基督教的修昔底德。"以基督教的方式来重新解释普通历史或军事、政治、外交历史,这是基督教从未达成之事,甚至连这方面的尝试都没有。"ibid. 88. 当然,整个的异教英雄万神殿都遭到了拒斥。人物传记消失不见了,取而代之的是圣徒传记。可以说,这是对一种已经极为精致的过去观念实施了彻底的拒斥,直到现代,都没有再发生过类似的事情。伊斯兰教在阿拉伯掀起的革命,当然对阿拉伯人的过去观念产生了深刻的影响,但其延续性超过欧洲。参见, Julian Obermann, "Early Islam", in Robert C. Dentan, *The Idea of History in the Ancient Near East* (New Haven, 1955); 也可参见, Franz Rosenthal, "The Influence of the Biblical Tradition on Muslim Historiography", in Bernard Lewis and P. M. Holt, *Historians of the Middle East* (Oxford, 1962)。不管怎么说,前穆斯林时期阿拉伯的过去观念是十分粗糙的。精致且一以贯之的过去观念,作为训练有素的职业史学家的专属创制品,唯有在复杂且高度精致的社会当中才有可能产生。关于中世纪时期印度史学家在哲学上的幼稚和天真,参见,P. Hardy, *Historians of Medieval India* (1960), 18-19, 125-31。印度尼西亚的历史叙事也是如此,主要是由神话集结而成,某些历史事实被埋在其中。此一历史叙事于那原始且朴素的印度尼西亚社会来说是完全够用了,不过,到了当前时代,印度尼西亚显然需要一种统一且具备社会效能的过去观念,人们对此一需求的感受已经相当强烈了。参见, C. C. Berg, "The Javanese Picture of the Past", in *An Introduction to Indonesian Historiography*, ed. Soedjatmoko, Mohammad Ali, G. J. Resink and G. McT. Kahin (Ithaca, 1965), 87-117。Soedjatmoko "The Indonesian Historian and his Time",就一个受过西方训练的史学家在一个过去意识极为原始的社会所遭遇的种种问题,展开了相当有趣的探讨。但不管怎么说,没有哪个社会,无论是原始的还是先进的,遭受过欧洲那样的意识形态断裂。

在招手。异教过去之所以能够以这种方式获得救赎,部分原因在于拉丁语作为宗教、行政和文化语言的存续和拓展,部分原因则在于四处可见的异教遗迹在人们内心催生的失落感,这些遗迹无不昭示着异教过去之辉煌,尤其以罗马为甚,当然也遍布了整个意大利、希腊、法国南部以及西班牙的部分地区。这样一个古老的过去,也许是异教的,但也的确是令人难以忘怀的。而且,尽管此类遗迹依然坍塌败落,在时光进程中遭遇着缓慢的遗忘,但文献依然存在,僧侣围绕这些文献制作副本并将之收藏在修道院当中,并且一旦副本制作出来,通常都会因为其内在价值而得到尊奉。① 古老的过去从未完全失落;它就在人类生活的至深之处存续着,这也就令古老过去之恢复成为可能之事,为此只需要等待时机就行了。即便是在最黑暗的时代,古老过去仍然依托学者和作家群体维系着强韧的生命力,即便其中最具世俗化特质的元素也是如此。它总是能够激发好奇之心和敬重之心,一次又一次地令哲学、科学、数学和地理学丰富起来。不过,它也提出一个极为沉重的问题:为什么这么一个辉煌、精致且极富教养的世界竟然烟消云散了呢?对大多数修道院学者来说,上帝的意志是一个轻松的答案,而且很可能也是令他们满意的答案。圣奥古斯丁给出的那些更为精细的解释,则令一些更富想法之人感到满足,不过,1200年之后,世俗文化获得进一步发展,此种境遇之下,也就不能如此轻易地对待这个问题了。两段伟大时期、两个伟大时代开始浮现出来,教养之士和学者们正是在此一进程中回望过去;随着古老过去之纪念物

---

① 参见,R. R. Bolgar, *The Classical Heritage and its Beneficiaries* (Cambridge, 1954),这部作品就中世纪对古典遗产的理解展开了极为出色的探讨。

逐渐积聚起来，人们也开始将横亘在自身和古人之间的那段时期视为黑暗时代、野蛮时代、晦暗时代，① 宗教改革并没有遏制此一进程，反而强化了此一进程，毕竟，宗教自身也有着两个过去，一个是原始教会的那个纯洁的过去，一个是罗马一手催生的那个腐化的过去。当然，此种两元格局的过去观念，并没有立刻就导向我们今天所说的那种史学方法，不过，它的确将一系列极为复杂的问题摆在历史学家眼前。一开始，文艺复兴的伟大史学家马基雅维利和圭恰迪尼，都有意效仿古人，尤其是李维；他们将自己时代的历史同神意和奇迹剥离开来，转而致力于在人类的行动当中发掘人性之真相。② 他们的叙事目的基本上是道德性质和教化性质的。同时，他们主要关注当代历史或者距离当代不远的历史。他们当然是优秀史家，但是他们在意向上更接近修昔底德而非现代史学。不过，这中间也存在一项重大差异。自尤西比乌斯时代之后，文献，也就是文字材料，作为史实之证成物，已然获得了巨大分量，而且，对文献予以批判性质的运用，以此建立

---

① Joseph Anthony Mazzeo, *Renaissance and Revolution: The Remaking of European Thought* (New York, 1965), 61："彼得拉克及其人文主义继承者们……实际上已能够以一种历史视角来看待古典过去了，据此，他们将古典的过去视为遥远但也可以接近的事物，虽然那是同基督教之过去全然不同的事物，但也是富于理智且极具当前效能的事物。文艺复兴时期的艺术家描摹的自然风景，深染极富智识色彩的数学韵味。由此，古代世界在人文主义者眼中，便展现出一个结构清晰的历史空间。"

② 在某种意义上，此论也并非完全适用圭恰迪尼。圭恰迪尼描述了查理八世入侵意大利前夕的一系列征兆和异象，比如怪物诞生，比如画像流汗等等，显然，圭恰迪尼是相信神灵的。不过，也就是在命运叙事的框架之内，圭恰迪尼尝试依托人之性格和行动来建立复杂且精细的解释。马基雅维利和圭恰迪尼在观念上要比中世纪的修道院修史人更接近希罗多德、修昔底德、李维以及塔西佗，当然，盲信的元素在他们身上仍然挥之不去，尤其是圭恰迪尼。

历史撰述,此种方式也已经取得了相当显著的进展。确实,依照今天的标准,他们的历史批评准则往往是相当原始的,但也并非总是如此。圭恰迪尼《意大利史》的文献水准,无论是在范围上,还是在精细程度上,差不多已经达到了现代标准。①

因此可以说,两元格局的过去观念在十五世纪的时候得到了廓清,并且也得到了极大的强化。时代错位意识第一次得以显现,此一意识在此一时期的绘画、插图以及文学当中,都可以辨识出来。罗马人所画的李维不再身着中世纪袍服了,马萨乔画作中的使徒们身着托加袍;阿尔贝蒂也不再用哥特风格来装饰他的古典住宅了;多纳泰罗和布鲁内莱斯基则刻意地在古罗马的废墟当中搜寻纯正的古代风格。②此种纯净意识,确切地说,就是要剥离时间的添附,重铸一个古代世界,此一意识在学术领域以更为强有力的态势展现出来。无论是语言学者还是法学家,都意识到语言和法律自西塞罗或者查士丁尼时代以来已然发生了巨大的变化。语词在不同的时代有着不同的意涵,法律则植根于历史语境当中,此一认识显然丰富了相关领域学者的时间意识。他们在研究过程中发掘的种种歧义,也催生了对双重过去的强烈

---

① Herbert Butterfield, *The Statecraft of Machiavelli* (1955);也可参见,R. Ridolfi, *The Life of Francesco Guicciardini* (1967), 259:"圭恰迪尼在《意大利史》中对文献的运用达到了前所未有的严格程度,他之后也极少有人能达到那样的程度。"

② 不过,乌切洛的作品则追求一种刻意为之的哥特风格。关于这一点,参见,Erwin Panofsky, *Renaissance and Renascences in Western Art* (Stockholm, 1960) 以及 *Studies in the History of Iconography: Humanistic Themes in the Art of the Renaissance* (New York, 1939)。当然,宗教艺术领域也必定会出现众多的时代错位现象,在此一时期,对古代之实际境遇的无知是非常普遍的。重要的是有了这样的尝试,这显然意味着人们已然意识到存在一个不同的过去。也可参见,J. H. Plumb, *The Renaissance* (1961), 95-96。

意识。当然,这也令那些西塞罗主义者陷入荒谬和病态境地,因为他们拒绝使用一切并未出现在西塞罗作品中的拉丁语词,不过,即便是愚蠢也能传播具备启发意义的观念。对史学之发展来说,更为重要且影响也更为深远的,是追随"意大利风格"的法学家同追随"高卢风格"的革新者之间的那场白热化的战争。在这场战争中,学者们开始如实看待古典语言和古人的法律,此一方法在那样一个时代,可以说是相当前卫的,也正是此一方法,在极为深刻的层面上,成为历史批评精神之开端。借由历史知识来发掘或者确证普遍真相,这实际上是非常古老的事情了,不过,历史批评精神之发展,则是中世纪晚期和文艺复兴时期的事情,此处所谓的历史批评精神意味着将事物置于自身所属的时代,如实看待。历史批评很快便证明是极具威胁和颠覆力量的,后来一直如此。此一方法既然可以运用于法律和语言,也就可以运用到神学身上,运用于教会体制身上。说到底,洛伦佐·瓦拉本质上就是一个极为精细的法学家,他曾对帕维亚大学的萨索费拉托的巴特鲁斯的传统观点发起暴烈攻击,最终令自己不得不离开那所大学。[1] 在路德将论纲张贴在威登堡教堂大门之上之前的大约一代人时间里,法学家在对教会的批判潮流中一直担当了智识领袖的角色,实际上,新教阵营的大量宣传作品,都是基于罗马教会之历史主张而提出的历史批判。此外,为了实现复兴原始教会精神的强烈愿望,同样的智识机制也在发挥效能,并激发了"高卢派"法学家的斗志,这批人也是西塞罗主义者。在语法、法律、神学领域,批判性质的博学潮

---

[1] 参见, Myron P. Gilmore, *Humanists and Jurists: Six Studies in the Renaissance* (Cambridge, Mass., 1963), 31-32。

流汹涌而起,而此一潮流之主要源泉,便是对过去之两元格局的意识。的确,人在时间当中的自我意识,便由此进一步确立起来。古代世界是真正的伟大世界,人们希望恢复那个世界。随着对不久之前那个过去的蔑视逐渐深化,以及对自身之成就的意识逐渐强化,他们开始感觉到,他们是属于一个新时代的;美洲和东方的发现、宗教的革命以及技术的发展,导致为数不多的一批学者和哲学家,建立初步的自信,认为他们也许可以超越一切的往昔时代,过去的恢复很有可能会通向未来的进步。同时,他们也生出如下感受:达成此一目标的最好办法,便是以批评精神来看待自然,确切地说,就是以事物之真实面貌来看待事物。①

此处没有足够篇幅来讨论人们对科学研究日益深化的关注,实际上,科学潮流激发了太多十六世纪和十七世纪的欧洲学者,科学元素成为此一时代智识氛围的组成部分之一,科学的发展也强化了此时正在迅疾发展当中的对过去的新态度;的确,这两个世纪见证了一场史学革命,革命浪潮席卷了各个历史角落,其深刻程度并不逊色于科学或者地理学领域的那些革命。一切都是环环相扣的。史学领域的这场革命,其根源在于十五世纪法律和语言学领域发育起来的历史批评精神。印刷术的发明以及古代研究的拓展,令这场史学革命获得了巨大的动力。从事批评史学的学者人数,一度为数很少;他们要么以小群体方式聚集在帕多瓦或者帕维亚的大学里面,要么如同阿尔恰托

---

① J. B. Bury, *The Idea of Progress* (Dover ed., 1955), 39-41。也可参见, Geoffroy Atkinson, *Les Nouveaux Horizons de la Renaissance Francaise* (Paris, 1935), 此处讨论了地理学知识产生的影响。

那样,以独立学者身份向法国的大学传递革命信息。[1]数十年时光过去,用于批评的材料大量积聚起来,其中有古代典籍、年代记作品,还有教父作品汇编,此类文献相继问世,构成一个似乎永无尽头的溪流。知识传播开来并得到了仔细勘察;私人图书馆的规模远胜任何修道院藏书,到十六世纪结束之时,此类图书馆已经司空见惯了。绅士们的先人仅仅拥有一两本插图版的宗教书籍,到了他们自己的时代,则已经拥有数百册藏书,内容涵盖历史、哲学、文学、修辞学以及语法等等,其中最惹眼的是经过仔细修订的古代典籍,通常都是拉丁语作品,西塞罗和普鲁塔克的作品拥有特别突出的地位。当然,这是一个偶然随意的进程;通常,学术和崇古不过是绅士们的消遣活动而已。大学里并没有出现那种集体式的历史研究体制,不过,对古代过去之关注,在十六世纪已经涵盖了整个欧洲,古代的艺术、文学、铸币乃至工艺品,都得到极大关注。历史研究的这种世俗化进程可谓意义重大。教会在整个中世纪执掌史学天下,并负责提供历史解释。1400年之后,历史已经是任何人都可以从事之事,只要有时间有意愿。此一情状同东方的境况形成了显著对照。中国在很久以前,就已经建立了由官僚控制历史材料和历史解释的体制。欧洲新起的大学则从未尝试过将史学纳入官修轨道;由此,历史批评的发育土壤就要宽松自由得多,结果便是史学研究的重点迅速集结到同历史解释相关的难题之上,不仅涉及年代记史学的效力问题,也涵盖了《旧约》中展现的惯例同异教宗教仪式和献祭仪式的关系问题。于此,一个完整

---

[1] 参见, Gilmore, op. cit. 30-33, 61-86。

的批判性的博学世界便得以发育起来。有时候,也会关注一些奇奇怪怪的问题。十七世纪的时候,围绕《圣经》中先祖的寿命问题,发生了一场极为激烈的论战,新的科学态度同《圣经》的记载发生了尖锐的分歧。① 大洪水则引发了更为严重的问题。人们读得越多,知道得越多,犹太教–基督教过去观念当中那些奇异情状也就越难站住脚了。不过,历史批评更像是在木材中心地带默默工作的蛀虫,一直埋头勤勉劳作,极少抛头露面。时不时地,木材之上会被蛀出一个小洞,不过,基督教过去这一庞大复杂之作,在大部分欧洲民众心目中,依然岿然不动,无论普罗大众是否识文断字。学者们自身实际上也无意摧毁这个基督教的过去;这种想法无疑会令他们的虔诚之心感到恐惧。他们只是希望积累知识,令其更加准确,其中一些人则希望解决准确性带来的难题。

然而,古代的魅力,尤其是那触目可见的古代遗迹的魅力,则一直都在稳步提升;铭文、铸币、证章,人们都相当热忱地予以搜集、编排并刊印。从十五世纪开始,对古代的兴趣便已经成为拥有主导地位的学术论题,正是以此为依托,欧洲学者获取了大量的新史料。此时的学术,如同欧洲社会一样,有着强烈的多多益善的欲望,不过,史科积累的后果是更多的知识和方法,同样的尚古精神找到了丰饶的牧场,不仅仅是古典世界,还包括中世纪以及地方和民族史。尚古之人以多种方式主导了十七世纪的学术,启蒙时代的哲学家们颇为轻蔑

---

① N. Egerton, "The Longevity of the Patriarchs", *Journal of the History of Ideas* (1966), xxvii 575-84.

地称之为"博学派"。①

在这两个世纪中,历史学家也好,尚古者也好,数量都有了相当大的增长。其中许多人都致力于在一块狭窄区域展开精耕细作,结果便令修缮之后的文献数量倍增。在这方面,莫尔派和博兰德派的工作无论在范围上,还是在方法上,都占据突出地位,这两派致力于搜集并整理教会以及天主教的伟大文献。② 此种学术精神既渗透了世俗群体,也渗透了教会群体。在英格兰,帕克、柯顿、博德利、达格代尔以及温利的时代应运而生,这些人保存了大批量的英格兰史料,并且也开创了英语世界最早的历史批评。③

新的史学技艺也在此一追求博学的过程中诞生,题铭学、古文献学、古字体学以及钱币学等陆续现身,此外文本修缮、辞书、名录、修订版的年代记和百科全书也纷纷涌现,没有这些材料,我们所说的历史学是绝无可能发展起来的。然而,历史文献以及历史知识的巨大扩张,一开始,并没有导向我们所谓的那种历史理解类型。毋宁说,其意向主要还是对历史材料实施整理和确认,而不是展开解释。马比荣的那些伟大作品就颇能说明问题。此人拥有强大智识力量,而且也

---

① A. Momigliano, "Ancient History and the Antiquarian", in *Studies in Historiography* (1966), 1-39, 这篇文章极为出色地总括了文艺复兴之后尚古潮流的成长及其对史学技艺之发展所产生的影响。

② 关于莫尔派和博兰德派,参见, M. D. Knowles, *Trans. Royal Hist. Soc.*, 5th ser., viii (1958), 147-66, and ibid, ix (1959), 169-92。

③ David C. Douglas, *English Scholars* (1939); *English Historical Scholarship in the Sixteenth and Seventeenth Centuries*, ed. Levi Fox (Oxford, 1956); T. D. Kendrick, *British Antiquity* (1950), and F. Smith Fussner, *The Historical Revolution* (1962); J. G. A. Pocock, *The Ancient Constitution and the Feudal Law* (Cambridge, 1957), 这是一部极其重要的著作。

拥有敏锐的批评意识,他在《古文献学辨伪论》中确立了一系列的根本规则,据此辨别中世纪特许状的真伪。他编辑的圣伯纳德的作品,经历数个世纪都没有人能超越。然而,他从未问过自己那个根本性的历史分析问题:为什么中世纪社会需要(更不用说相信)圣徒们的怪异传奇,或者说,为什么会有如此众多的圣徒,为什么有此必要?博兰德派同样没有对圣徒传记展开稳步探讨。博兰德派致力于建立最为真实的圣徒传记,剥离时间所添附的内容。但是,为什么会有传奇,为什么会有伪造,为什么会有圣徒,这一系列问题背后隐藏的整个历史变迁机制,不在他们的视野之内。他们无意重述历史,也无意重新解释过去;他们只是希望对既存的史料予以整理和确认,使之可以使用。但不管怎么说,恰恰是他们成为现代史学之父。是他们证明了两件事情的价值:史料积累和批评方法。

  此外,他们还提升了历史叙事的水准,尽管只是间接的,而不是直接的。卢德王以及吉尔达斯传奇故事中有关不列颠民族之起源的叙事,开始淡出一般性的历史叙事;同样,此一时期的法国,历史学家们也不再热衷于将国王世系溯源于特洛伊战争的英雄。依照今天的标准,这样的叙事当然不够准确,不过,较之以往,已经改进了不知道多少倍。历史撰述本身也恢复了昔日的批评标尺,而且还有了改进。作为历史学家,萨尔皮远胜李维。不过,尽管史学研究以及史学撰述已经变得相当好了,历史与过去仍然维系着一种怪异的精神分裂症式的关系格局。即便是维科这般深刻的学者,依然被禁锢在古老的史学概念中,比如他提出的三个时代理论,同赫西俄德的渊源恐怕要远远胜过同他那个时代的史学的渊源。也只是到了十八世纪后半叶，历史学家们才真正开始从根基上对传统的过去观念展开攻击，其中吉本占据突出地位。

吉本是尚古派的继承者，也是古典学术的伟大教父们的继承人，这些人的作品，吉本从孩童时代起就作为枕边书了，同时，吉本还是法国哲学家群体的继承人，其中培尔、孟德斯鸠和伏尔泰对他影响甚重，他对培尔更是极为敬重。这些人对过去的态度是全新的。培尔和伏尔泰对待基督教的过去观念以及围绕此一观念建立起来的作品系列，无论怎么说都是采取怀疑态度的，并且通常是有恶意的怀疑。伏尔泰经常肆意嘲讽"博学派"的那种鼹鼠般的挖掘工作，同时也嘲笑他们的信仰。然而，这个哲学学派却也深深地致力于理解过去，包含过去之多样性及表面的矛盾，找寻兼具理性和说服力的规律。他们对历史证据的兴致多半都是流于表面；要支撑一项论证或者阐明一项论题，历史证据当然是需要的，但是在追寻历史真理的工作中，历史证据本身并非必然之事。然而，哲学学派在史学发展进程中扮演的角色却是相当深刻的，而且，就西方社会而言，此一角色也是深具创造性的。他们致力于以非基督教的方式来重构过去，也是第一批尝试以人之本性来解释人之命运的人。① 不过，他们的目的是教化性质的，只不过是宽泛意义上的教化，而非专门意义上的教化。他们的主要目标是理解人及其过去，而不仅仅是对之有所意识。吉本一人之身集合了

---

① 参见，一部极具启发意义的作品，P. Gay, *The Enlightenment: The Rise of Modern Paganism* (New York), 1966。

这两种态度。他对知识本身非常看重，不过，他也清楚，博学并不足以成为目的。历史是需要哲学的，是需要目的的。但是，这究竟是怎样的历史呢？

吉本在两种态度中间摇摆不定，他的《日记》也记载了他在主题选择问题上的摇摆不定，也正反映了此一情状，这一点相当有意思，而且也足以完美地揭示本章的基本论题。他一度考虑过多个主题，从沃尔特·雷利传、第三次十字军东征史到瑞士共和国之创建，不一而足。毫无疑问，这些主题都激发过他的想象，但是他最终还是很明智地放弃了这些主题。雷利这个主题过于地域化，瑞士这个主题则需要具备德意志语言和文学领域的知识，而他当时并没有这方面的准备。①不过，所有这些理由都不过是合理化的说辞而已。这些主题都提起了重大历史问题，瑞士是其中的一个主要问题，就如同美第奇家族的历史及其文化冲突一样，吉本在这个主题上也曾犹疑良久。然而，他最终还是不可避免地走向了欧洲历史上那个真正的大问题，也就是过去观念之两元格局的问题。的确，在前往罗马的那趟著名旅行开启之前很久，吉本的生活主要就是为这部作品作铺垫。然而正是在罗马，吉本找到了那个意象，此一意向不仅成为他自己那部巨著的钥匙，而且也成为理解欧洲史学发展进程的钥匙。他在《自传》中写道：

---

① 吉本对瑞士这个主题一直恋恋不舍，并且还就此写了一篇导论性质的东西。这是可以理解的，因为瑞士成功地获得并维系独立地位，是一个相当难以理解的问题。在瑞士，一切有助于社会—政治稳定的元素都是缺乏的，地理、语言、经济融合、宗教莫不如此，甚至连共同的社会结构都没有。然而，瑞士存活下来，繁盛起来，而且没有发生动荡。为什么？这个问题依然在等待历史学家去解答。毫无疑问，吉本对于重大问题拥有正确无误的直觉，幸运的是，他选择了最重大的一个主题。

"在1764年10月15日的罗马,当我坐在市政广场的废墟上沉思的时候,听见赤脚的修士们在朱庇特神庙里唱晚祷歌,我第一次想到要写这座城市的衰亡。"①

此处给出的是相当简洁的意象性解说,赤脚的托钵僧、朱庇特神庙,由此,吉本将西欧曾经历的两大文化体系置于并列的位置,由此催生的问题则已经困扰了人们两个多世纪,此一二元格局催生的境遇成为一种动力,化育出如此众多的历史作品,吉本则是此一历史研究的传承者。他从未忘记他对前辈学者亏欠下的债务,他们都是历史批评精神和历史批评方法的创制者,正是这样的批评精神和批评方法,令吉本的巨著成为可能。不过,吉本所做的却是要吸纳他们的成就,使之成为历史文献之永恒的组成部分。吉本之后,史学的羽翼丰满了。这部作品的成功,如同启蒙时代其他历史学家的作品一样,将受教育精英阶层对欧洲历史的理解水平,提升到一个新的档次。和伏尔泰以及休谟一样,吉本也以纯粹属人的眼光来解释历史。当然,他也会作出道德评判,也会强调偶然性的作用。不过,他的道德评判是属人的道德评判,而非上帝的评判,他所说的机缘,也纯粹是属人的,并不是什么巨大的外来力量,并不是所谓的"命运"在拿人类寻开心。历史必须以属人的眼光予以理解,而且也必须以属人的力量为动力;愚蠢、邪恶当然四处蔓延,但是,这既不是因为轻慢了神灵,也不是出于人类之原罪。吉本将历史撰述提升到一个新的层面。他比一切前人都更敏锐地意识到历史的可能性和局限性。他寻求一种客观且

---

① Edward Gibbon, *Autobiography* (Oxford, 1907), 169.

以真相为依托的过去，不受制于任何成见，也不受制于任何内在目的观念。然而，他的超脱灌注了对人类的热忱和慷慨，尽管人类的愚蠢和罪恶是无以复加的。吉本常常谈到历史之坦率，在他看来，这是因为历史所展示的并非宇宙之真理，也不是社会发展之不变规律，而仅仅是生活着的人类自身的真理。① 在吉本的叙事中，历史所包含的是原因和事件，而非规律或者体系。而且，吉本并不认为自己的写作仅仅是为了娱乐。历史是拥有目的的，其目的就是深化人类的经验，令人类对自身以及人类必然处身其中的社会进程，更富于明见。所以，他才想要解释欧洲历史上的那场最大的灾难。

然而，吉本的此种超脱态度是相当孤立的；启蒙运动的大多数哲学化的历史学家，都致力于从历史研究中求取过多的东西，都尝试着从中找到历史变迁以及历史发展的不变规律。最终，他们在"进步"观念中找到了他们希冀的那种总体图景，他们对此感到狂喜且乐观。吉本没有分享他们的这种热情。不过，他的确对启蒙史学家的一项普遍命题表示了有限度的赞同，此即，人类境况是不断改进的。这个问题，下文我们会接着探讨。

吉本已然揭示出，历史学家完全可以凭借远胜古典史学家的丰沛细节和历史知识，来重述古代历史。希罗多德、修昔底德、李维、塔西佗等古典史家已经不再高踞奥林匹斯山巅了，仿佛现代人只能望其项背一样。学者们遂以新的热情转向希腊历史和罗马历史。此一历史热忱还向着更为深沉的层面推进。十八世纪末，借由考古学上的发现，时间本身也得到了巨大的拓展。罗塞塔石碑的解密，亚述和巴比

---

① Per Fuglum, *Edmund Gibbon: His View of Life and Conception of History* (Oslo, 1953), 41.

伦发掘进度的加快，对印度和中国的认知的深化，催生了一种对人类过去之多样性的新的意识，最终也扩大了历史提出的问题。博学并未衰落，而是更为繁盛了。新的文献材料，尤其是中世纪文献材料，在十九世纪早期开始使用。莫尔派和博兰德派运用的方法开始拓展到德国、法国和英格兰那庞大的民族史料上，使得史学不仅成为一种广泛的职业，也成为一门技术含量极高的技艺。① 史料如同洪流般席卷而来，历史学家们果敢地与之搏斗。利奥波德·冯·兰克仍然希望写一部通史；而且他也的确在八十六岁高龄的时候动手去写了。他在1860年代的时候曾写道：

> 在我看来，我们必须在两个方向上展开工作，其一是勘察历史事件当中的有效因素，其二就是理解它们当中的普遍关系……
> 就单个细节展开勘察，这就需要相当深刻且敏锐的研究。不过，当今时代，史学家们也都同意，批评方法、客观研究以及综合建构是能够而且也是必须融合于一体的。历史研究不会因为同普遍性的东西建立关联而遭受折损；实际上，若不建立这样的关联，历史研究反而会失去力量；若是没有细节上的勘察，普遍性的东西则会沦落虚幻境地。②

显然，兰克的意向仍然是吉本式的，确切地说，就是将最为精细

---

① 参见，David Knowles, *Great Historical Enterprises* (1963), 65-134；也可参见，Herbert Butterfield, *Man on His Past* (Cambridge, 1955), particularly pp. 75-85。

② Fritz Stern (ed.), *The Varieties of History*, 62.

的博学同哲学化的历史联结起来。

十九世纪的时光逐渐向前推进,职业史学家也进入了一个日趋狭窄的研究轨道,通常,此类研究仍然致力于为某种总体性的过去观念效劳。的确,十九世纪的所有一流史学家都接纳了某种有关人类命运的宏大的结构性阐释,而且通常也都接纳了有关自身所属民族之命运的宏大叙事。不过,任务却是越来越艰难了。二十世纪则带来了一场变迁。在二十世纪,有关历史之目的或者意义的设定,无论是宏大的,还是微小的,都频繁遭遇尖锐攻击。职业史学家也逐渐放弃概括归纳,倾向于各自感兴趣的职业领域。是诺曼征服将封建主义引入了英格兰吗?奴隶制是美国内战之一项起因吗?法国哲学家群体是否帮助激发了法国大革命?此一专业化进程是依托职业领域而非哲学观念展开的。和十七世纪一样,博学也主宰了历史研究;学术本身较之历史解释变得更为重要了。职业史学家们会定期地从史料中抬起头,就研究中能够得出怎样的结论这个问题,尝试下个决心。通常,职业史学家们给出的答案都蕴涵了犹疑、不确定性甚至困惑,很多人都认为最好还是不要尝试那些既危险又容易引发争议的概括归纳。最终,过去的残骸碎片被胡乱扔进成千上万的图书馆,以及国家或者地方的档案室里面,供数以万计的职业史学家们研究之用,这些史学家也仅仅是满足于依托日益细碎的专业分工,对之略做梳理而已。西雅图或者锡耶纳十年间的历史,就足以填充一个职业史学家的全部职业生涯了。偶尔,此种情形倒也是应该的,此类研究若是放在一个富有才干的职业史学家手中,也是能够解决极为重要的技术问题以及学术问题的。不管怎么说,布洛赫本人的作品就是深深植根于地方史料当中的。

由此，史学便在二十世纪的进程中，转变成职业史学家写给另一群职业史学家看的作品，对大多数职业史学家来说都是如此。历史之目的遭到限制；史学在批评和评判当中训练心灵，满足好奇之心并令聪明人更聪明。他们不能容忍启蒙时期的那种哲学化的观念，据此观念，历史应当解释人类之命运。在过去六十年间致力于将历史融入普遍文化的那批历史学家，普遍在目标和意向上秉持此种有限态度，一批高度职业化的史学家也秉持这样的态度，他们对史学方法之严格性问题是极为关注的。即便在今天，大多数的历史撰述人和历史研究者在赋予历史目的和意义的时候，也都会如此。历史学家的职责是理解过去。① 此乃历史学家的首要任务，不过，此一任务可一点都不简单，毕竟，历史力量错综纷繁，盘根错节，要对之实施解析绝非易事。因此，职业历史学家很自然地就要限制自己的研究领域并将自己的力量集中起来。由此，职业史学家可能更深、更好地把握和理解自己的研究领域，即便他的视野相对于人类历史而言，是极为有限的。

当然，此一态度是高度防御性的。尽管视野和领域遭遇限制，但此一态度本身是合理、明智、审慎的。在过去两百年间，此一态度一直得到人们的尊重。职业目标就是去理解，没错。此一态度实际上可以溯源于启蒙运动，溯源于赫尔德，赫尔德当然也对历史当中的道德

---

① Richard Pares, *The Historian's Business and Other Essays* (Oxford, 1961), 10：" 历史学家们（赋予过去）的那些意义，越来越复杂了。也许有人会说，职业史学群体是在刻意制造复杂，借此来令自己变得不可或缺。不过，我觉得这样的解释对职业历史学家并不公正。这实际上是一个科学良知的问题。历史过程是非常复杂的，说白了，历史过程当然有自身的规律和统一性，不过，也只能以历史过程本身来解释历史过程。"

评判极为关注，不过，他也意识到，移情能力与历史学家而言是至关重要的。移情能力，想象力，在没有先见的前提下将自我置身于具体的历史境遇和历史角色的能力，这些在整个十九世纪都是可以赢得公共尊崇的。的确，马克·布洛赫在二十世纪的时候，将"理解"视为历史研究之灯塔。① 然而，此一有限的观点还是无法解答一个更为深刻的问题，即，理解什么？是人物、时间当中的事件、一项制度之性质，还是信仰之根由？这个单子很长。可以把它提升到历史进程的高度吗？看来没这个可能。布洛赫跟兰克不一样，他不可能去构思一部通史。到了布洛赫的时代，历史本身已经令通史的诉求失去了空间。更确切地说，通史不是不可能了，而是在智识上已经沦为无用了。对受过职业训练的历史学家来说，博学本身就已经取消了兰克极为热望的普遍综合的可能性。历史学家的职责仍然是理解过去，不过，此一工作也仅限于自己的一小块研究领域，而不是那种回到时间之开端的恢宏叙事了。

由此，便可以触碰到本书开篇提及的那个悖论的核心了。史学之所以开启，是因为史学家们觉察到其他文明都不曾遭遇到的问题，即欧洲过去之两元性的问题，这是两种彼此冲突的意识形态，是对人类命运的不同解释。一旦历史批评发展起来，基督教的过去观念就无法维持其至上地位了。在历史批评潮流当中，基督教的过去观念逐渐归于坍塌，不过，取而代之的种种过去观念，也同样缓慢且确定无疑地沦落解体境地，诸如进步观念、竞争性民族主义之天定命运观念、社会达尔文主义以及辩证唯物主义等等。历史深切地关注过去，也正是

---

① Bloch, *The Historians Craft*, 143.

因此，从某种意义上说，历史协力摧毁了作为一种社会力量的过去，围绕人类命运问题建立起来的综合的、全面的叙事。

正是因此，二十世纪的大部分历史学家都避免去解释人之历史。他们把这样的工作留给流行作家、先知或者哲学家去干，其中某些尝试这么做的人成为畅销作家。赫伯特·乔治·威尔斯、奥斯瓦尔德·斯宾格勒以及阿诺德·汤因比，都致力于将历史塑造为一个充斥着意义的过去，为此，他们赢得了数百万的读者，但是在职业圈子中却遭遇了普遍的谴责。然而，此类作品之流行倒也显示出普通民众的需求，以及满足群众需求之难。① 前人创制的过去观念已然坍塌了，不过，西方人似乎一直都在致力于寻找一种有意义的过去，并且这样一种过去应当将极大的意义注入生活当中，就如同马克思主义的过去观念对马克思主义的信徒所作的那样。历史学家能够满足这样的需求吗？这是历史学家的正当职责吗？

我相信，历史学家的目的是双重性的。他必须追寻并验证他所运用的概念。史料极为庞大且复杂，此类概念在时间维度上肯定是受到限制的。因此，历史学家的大量生命就耗费在与同僚协作，或者为同僚而写作。这只是精细且职业化的历史学的早期时代。倒也不能说这就是历史学家唯一的"存在理由"。也许有人会说，在历史研究技术方面的受训经验，即便是短期经验，已然是历史学家之充分存在的理由。这实际上是一种相当古老的看法，只不过换了件新衣服而已，古

---

① 除了麦克尼尔的那本极为出色且富于启发性的世界史著作 William H. McNeil, *The Rise of the West* (Chicago, 1963) 以外，这方面最成功的尝试应当属于考古学家，如 Carleton S. Coon and Gordon Childe。

典学术就曾以此来自我证成。当然,历史研究的确可以砥砺人的记忆、论证能力以及叙事能力。这的确是一桩相当好的事情,不过,大量的学科都可以做到这一点,甚至比历史学做得更好。① 历史,能够也的确以一种特有的鲜活方式使人类经验得以延伸,不过,文学、社会学、人类学以及政治学,都可以做到这一点,而且也都应当担当起这方面的职责。② 说白了,这绝不是历史学之专属职能。所有这些情由之结合,当然可以证成一个辅修科目,并且也能够证成一种次要的社会角色,那就是满足人的好奇之心,满足人的怀旧之情。作为消遣的历史,无论是知识分子的消遣,还是家庭主妇的浪漫消遣,当然会存续下去。然而,倘若如此,那也就不会有人认为历史学有重大且关键性的社会角色担当。但是,倘若就这么看着过去死亡,或者说,倘若过去真的已经死亡,而一个新的过去未能破土而出,那也只能说,这就是历史学的宿命。由此,历史学作为人类命运之阐释者的地位将会被社会科学取代。

今天的历史学家,在很多方面都置身于启蒙时代的历史学家的境遇当中。他不能接受上一代史学家对过去的那些阐述,甚至也不能接受本国社会大众对过去的见解。粗糙的意识形态解释,马克思主义的或者民族主义的、保守派的或者自由派的、宗教的或者不可知论的、神意的或者进步主义的、循环的或者直线的,实质上都是对历史学的

---

① 就作为理智训练的古典学术提起的论证,参见,M. I. Finley, "Crisis in the Classics", in *Crisis in the Humanities,* ed. J. H. Plumb (1964), 18-19。

② "它的真正价值是教化性质的。确切地说,就是引领人们思考过去,借此来教化人心。" G. M. Trevelyan, *Clio: A Muse and other Essays* (new impr. 1949), 147。也可参见,G. R. Elton, *The Practice of History* (Sydney, 1967), 48-50。

侵夺，也是对历史知识的冒犯。因此，许多历史学家便在历史之无意义这一论断中寻求避难，他们认为，历史学只能确立个人化的或者中立的论述；历史学是职业选手的游戏，而且也是职业选手在制定游戏规则。另有一批历史学家则选择更保守的路线，在历史之神意本性当中寻求避难。基督教神话叙事已然消亡。因此，就需要建立对人类过去之价值的强迫性意识，这不仅仅是为了职业史学家，也是为了芸芸众生。

启蒙时代的历史学家以狂喜之态发现了那个古老的过去，这样一种过去，引领他们畅游希腊和罗马的历史海域；与此同时，不断有新的历史世界在他们的智识地平线上升腾而起，诸如埃及、波斯、印度以及中国等，这给他们提供了新的刺激、新的观念以及一种深沉的回归意识，当然，他们也试图由此遁入一种新的、更可行的历史理解当中。可惜的是，这样一场经验是不可能重新激活我们这个世纪的历史学家了。① 不管怎么说，今天的历史学家，已经没有新的过去可以去发现了。所有的过去观念王国，都已经暴露在职业史学家眼前，职业史学家进驻其中，展开了极为细碎的挖掘行动，希望搜寻任何可能的新碎片。职业史学对史家的种种限制，令史学家很难去应对那些跟人类之过去观念有关联的任何信息，即便历史学家信从此类信息。说白了，历史学家无意寻找此类信息，也无意将目光从那些清晰无疑的对象转移到困惑、幽暗以及诱惑之地。哲学化的历史已然衰落，尚古风尚在改造为学术形态之后，已然占据上风。经历了两次世界大战之后，经历了希特勒和广岛原子弹之后，经历了斯大林的暴行和非

---

① Gay, *The Enlightenment: The Rise of Modem Paganism*, 46-47.

洲、印度以及印度尼西亚的一系列悲惨失败之后，历史学家们不免会回望过去，包括不久之前的那个过去以及那些已然渐行渐远的过去，显然历史学家凝眸回望之时，眼神中是充斥着阴郁和悲观的。不过，盲目的乐观主义倒也不是那批极为敏锐的历史学家的错误；伏尔泰和吉本可算是启蒙运动养育出的最伟大的史学家，他们对人类的愚蠢、罪恶和不幸都有着足够的意识。不过，他们的超脱约束了他们的悲观情绪，并据此给出中正的评判。对他们来说，人类取得的收益和进步是明显且巨大的。今天也依然如此。任何历史学家，只要不陷入盲目偏见当中，都不免要承认，这个世界的芸芸众生除非是身陷相互杀戮的战场当中，都有能力确保较之前人更为富足的生活。这个世界上，食物更充沛了，进步的空间也更大了，生活领域和观念领域的自由度也一直在提升，艺术、音乐、文学已经进入寻常巷陌，而不再是少数群体的享乐品。尊奉保守传统或者依托本能和情感，是做不到这一点的，此等历史境遇是靠人类自身的聪明才智达成的，无论背后是什么样的动机在推动。理性的巨大拓展既是此一发展进程的一个原因，也是此一进程的一个结果。理性在一个又一个领域证明了自己的价值。在政治和社会组织领域，仍然有巨大的空间等待理性去征服，当然，由于深植人类本性当中的侵略本能，理性在这些领域很可能会陷入心有余而力不足的境地。但是，历史学家在指明理性之失败的同时，也有义务去申述理性所取得的成就。这实际上也是借由过去传递而来的一项信息，此一信息较之前人从过去身上强取而来的信息要真实得多，而且也同样清晰。过去之效能并不一定就是要敬奉权威或者道德，相反，可以借由过去来敬奉人类心灵当中的那些特质，正是这些特质，推动着人类走出森林和沼泽，进入城市，并使人类获得有限的信心，相信人类有能力规划自己的生活，凸显理智和理性行为之效能。这样的过去观念既不是异教的，也不是基督教的，它并不专属哪个民族或者哪个阶层，而是普遍的；从最宽泛的意义上来说，此一过去观念就是属人的。不过，这样一种过去，势必不会那么简单。基督教的过去强调善恶斗争之复杂性，同样道理，历史学家的过去观念也详尽阐发了那些致力于为智识和道德启蒙而战的人们所面临的众多困境。而且，我们也无须粉饰这个群体的动机。历史学家的职责就是要去揭示人类行为之复杂性以及事件之奇异性。今日人类所需要的过去，不会再是那种简单直接的过去了。经验以及科学，已然令大多数受教育之人意识到人之存在是极其复杂的，同时也意识到人际互动是何等精微。然而，今天之人已经越来越看淡了过去之性质，不仅是过去所取得的成就，而且也包括过去于人类生活带来的阴影。历史是时间之维度，但是社会学家、经济学家、政治家以及哲学家们却过于频繁地忽略了历史；甚至神学家也都盼望着从时间的控制力中挣脱出来。

因此，任何过去观念，倘若要赋有社会效能，必定是复杂的，即便其根基是简单的。此一简单根基，前文已经描述过了。在我看来，这真应了一句历史的真理：人类之境遇一直都在改善当中，物质上的改善较之道德上的提升要更胜一筹，但不管怎么说，物质和道德两方面都在改进当中。进步会时断时续；退步则是常见现象。人类之成就植根于对理性的运用，无论是技术问题还是社会问题，都是如此。① 历史学家的职责就是去教授、传扬并论证这一点，唯有如此，方能令人类获得信心，去直面那既残酷又漫长的任务，也就是化解人群当中存在的矛盾和敌意。这些就是有限的目标。历史学家可以运用历史去实现众多社会目标，尽管神话的过去观念在这方面也曾做得很好。过去不能再为权威，为贵族集团或者寡头集团，为包裹在民族袍服当中的所谓固有的命运提供认同作用了。曾有那么一个时代，必须借由英雄范例来传授智慧，但是今天，过去仍然可以传授智慧，但当今时代的智慧之深沉已然远远超越了往昔时代。

异教过去和基督教过去展现出极为复杂的两元格局，罗马帝国已然坍塌，宗教改革令基督教的过去散落为多重形态，与世并存的多种伟大文明也都拥有自己的过去并且产生了各自的影响，欧洲发现了人类存在所涵盖的巨大时间跨度，这一切的情由汇总起来，令西方社会不得不去研究并接纳社会变迁这一事实，此一变迁不仅涵盖复杂且纷繁的人类存在，而且也涵盖了时间当中永无停息的社会进程。一旦历史从过去的束缚中解脱出来，真正能够吸引杰出心灵的东西正是这个方面。吉本是这样，马克思也是如此；米什莱是这样，布洛赫也是如此。历史学家能够做出的最大贡献也就在于此。但凡能够识文断字

---

① 当然，我并不相信理性和非理性之间存在简单的二分法。理性当然可以用来干下蠢事，落入荒谬境地，并以极为危险的方式使用。引领人类走向成功的理性，是那种一方面受制于事实、实验和经验，另一方面则从人类的繁衍并保护同类的最深刻的生物本能当中汲取动力的理性。（能够最为迅捷地将人类团结起来的东西，莫过于来自外星的攻击。）没有哪个历史学家认为理性的胜利是可以轻易获得的，也没有历史学家会认为理性是纯粹的，不掺杂众多其他的动机。不过，人之理性，也就是人之思考自我、环境并交流思想的能力，显然也是人类最珍贵的天赋，人正是因此而在生物界享有独一无二的地位。

之人，历史能够将社会变迁之性质方面的信息传递给他们；即便仅仅是讲述一个社会变迁的故事，这本身就是相当有价值的教育过程，而且还有助于满足当今社会的某种需求，至于此一需求究竟是什么，我们都是有所感受的。当然，此一需求的具体内容方面，不会达成一致；历史学家们也会有不同的申述。不过，这跟过去智慧文学之缺乏统一性的问题，并不是一回事。今日之史学，要义所在是历史申述的性质、说服力以及论证方式。我们需要的是教会人们以历史的方式思考社会变迁，对历史的狡计保持警惕，此类狡计，正如列宁强调的那样，总是会令人惊诧不已。我们必须将时间之深度灌注到历史研究当中，历史研究一直都是极为缺乏时间深度的。而且不能忘记，历史之洞察能力一直都在提升，同时对影响人类日常生活的诸多问题的探察也日益深刻。有关历史变迁之机理的知识，今天较之两代人之前已经大为提升了。不过，职业主义精神大体上依然如故；尽管已经涌现出大批量的史学作品，但职业史撰无论是其给出的重点申述，还是其说服力，都不能同社会之需求形成对应。历史学家一直是摧毁过去的活跃力量，尽管社会也一直都频繁地诉求过去，寄望从中获得信心或者证成，或者两者都要，历史学家此举当然是正当的。历史学担当的此种批判性的、摧毁性的角色，依然是不可或缺的；围绕过去建立起来的种种幻象，甚至在职业史学圈子当中，都呈现出肆意之势，不过，历史学家同社会的其他成员一样，都身受社会变迁事实之促动，都正在从过去之藩篱当中解脱出来。悖论是，那些令社会学家忽略的过去的因素，却令历史学家能够更为清晰地去见证过去。因此可以说，今日历史学家之境遇，同启蒙时代的哲学家们有近似之处，尽管绝不能说是完全一样的。今日之历史学家正在从过去之枷锁当中滑脱而出，正致力于摧毁过去观念之种种僭越主张和种种愚蠢行为，不过，今日之历史学家也在致力于从废墟之中创造出一种新的命运意识，此一意识较之以往涵盖了更大的范围，更为理性，更为超然。同时，今日之历史学家，也借由自己的撰述、思考乃至自身的范例，发挥出同启蒙时代哲学家类似的效能。

　　古老的过去正在死亡，其力量正在削弱，确实应当如此。历史学家也确实应当加速此一衰亡进程，毕竟，古老的过去蕴涵了太多的顽固偏见、民族虚荣以及阶级霸权。此类元素之荒谬并不逊色于吉本嘲讽过的那种狭隘的基督教历史解释，吉本的嘲讽是极为正当的。我们希望历史能取而代之，协助涵养并维系人类对自身命运之信心，并为人类创造一个新的过去，尽我们所能地令这个过去变得真实、切实，以此协助人类建立身份认同，不是作为美国人或者俄国人、中国人或者不列颠人、黑人或者白人、富人或者穷人，而是作为人。

译后记
"过去"与"现在"的永恒缠斗

林国荣

在普勒姆酝酿并撰写《过去之死》的时期，灾变主义观念正在西方世界肆意汹涌，越来越多的人开始相信单纯的价值承诺乃至革命，是更为简便有效的解决办法。英美世界对自由民主制度的信仰显然是严重削弱了，这也就是阿伦特所谓的"共和的危机"。民主制度既无法应对经济危机，也无法应对整体性的社会 - 文化危机。唯一的希望看来就在于集权力和意志于一身的领袖体制了，这样的领袖体制看来是代议制没有能力催生的。尼克松那充斥着马基雅维利气息的"民主领袖"观念不免令人回想起丘吉尔。1930 年代，丘吉尔曾提出一个甚至令保守党都无地自容的问题：民主制度究竟有没有能力应对一场真正的危机。丘吉尔提示说，民主政府历来都是遵循阻力最小的路线，善于而且也习惯了用既有手段和套路去满足或者平复眼前的利益纠葛，用小恩小惠来收买人心。议会当然有能力应对政治问题，但并没有能力应对真正的经济问题和整体性的文化危机。"……不能靠着多数派决定去救治绝症。我们需要的是真正的救治之策。"[①] 这样的观念和见解显然都预设了两套决然分立的经济 - 社会秩序，资本主义和社会主义，这样的预设毫无疑问是植根于一种无意识的柏拉图主义：既然在理念的王国，资本主义和社会主义植根于全然分立的原则，那么

---

① Winston S. Churchill, "The Dole," *Saturday Evening Post*, March 29, 1930。

在现实世界，二者也必须是严格分立开来的。如此一来，便如同怀特海说的那样，抽象便比现实更为"真实"；意识形态保守派和意识形态激进派坐拥非此即彼的王国，都选择了理念而非现实，彼此对峙，没有妥协可言。在这样的氛围中，价值承诺的涌现是自然而然的事情。政治现实早已成为一场丧失社会目标或者说是丧失任何集体目标的权宜斗争，在斗争中作为民主意志的载体和体现者的人民，无论主观还是客观，都很难成为纯粹形式民主和法权民主中的主权者，取而代之的是高度组织化的寡头利益，知识精英的法权诉求和相应的布尔乔亚文化心理观念则作为一面没有颜色的旗帜覆盖其上，幻化成一场纯粹个体性的"乡愁"意识、一种极为私密的价值决断和承诺。过去往往被用来建立补偿机制，对诸多群体或者个人来说，过去为他们提供了梦想和安慰。

就如同布赖斯和小施莱辛格这样的以明敏和大度见长的历史学家所洞见的那样，英美自由民主社会的危机每隔一代人便会重演一次，因社会-经济断裂而催生的文化危机浪潮，就这样反复席卷西方世界。1991年，布什总统在海湾战争结束之际向国会作出了总结陈词："一个新的世界秩序正出现在眼前……正义和公平待遇原则将保护弱者免受强者的欺凌，自由和人道将在各国中间找到家园。"然而，这一充满启蒙气息的乐观前景在2002年颁布的《国家安全战略》中瞬间消失了，取而代之的是一种清晰而坚定、忧郁且绝望的语调："新的殊死挑战业已从无赖国家和恐怖主义分子那里浮现。"很显然，这并不是十九世纪内阁外交时代的那种审慎和持重的"国家理由"观念，有关"邪恶轴心"的末世论构想比任何事物都更能揭示出美国并非哈布斯堡王族时代结束之后的欧洲民族国家，而是一个完全非世俗化的新教帝国，宗教气息在其中的强力崛起，令美国在全部世界史上称得上一骑绝尘。这样一个帝国的决绝特征是对人类罪恶和苦难的极端敏锐的意识，有时候这种意识会推进到极端敏感的程度。正是这样一种意识驱使美国在构想"全球正义"之时，往往倾向于纯粹道德论的政治表述，这并非世俗的道德修辞之术，而是从美国心灵当中喷薄而出的道德律令，因此我们不能凭借任何随遇而安的世俗理由就拒绝其中潜藏的真诚感和真实感。原因很简单：正是这样的道德形态的政治，调动并发挥着强大的物质力量，它比任何力量都更深刻地塑造着当今世界的命运，这就如同康德坚持"即便世界毁灭也要实现正义"一样。即便我们能够像十八世纪的埃德蒙·伯克或者今日的美国那样，在许多问题上将人类作为"同一个物种"来进行普遍主义的构想，但我们也许还应当问一问：既然我们处身其中的这个宇宙已经丧失了一切希腊的或者中世纪的秩序原则和自然等级式的理性原则，而我们在面对世界性的混乱、"非理性的裂缝"以及"个体性的深渊"，为了寻求片刻安宁而被迫只能尊重并遵从"头顶的星空"和"内心的道德律令"之时，作为人类救赎和解放之道的那种最为传统的希腊式的"审慎"智慧或者在近现代世界一直作为政治艺术之基石的"实践理性"又将何去何从？美国的帝国式人权观念无论在国内还是在国外，都解除了民主辩论议程可能带来的阻碍，也从罗马帝国的宽容格局、中世纪帝国的内外约束当中脱身而出，强烈的新教传统使得帝国的人权观念仅仅诉求于人的"内心的声音"，由此开创出一种新的征服形式。确切地说，当今的帝国形态较之任何传统的新教组织，都更决绝地保证了

"良心"的内在声音采取较之耶稣会更甚的法律的外在形式。在这种声音面前,作为俾斯麦所谓的政治之本质的"可能性的艺术"及其传统的组织保证形式,比如暴君、君主、贵族、臣民、等级会议、依据自然原则组建的各种团体以及通常被政治世界视为终极救赎之物的民族国家,都将毫无疑问地丧失绝大部分的存在合理性和现实的行动空间。亨廷顿的"文明冲突论"所表达的正是这样的历史焦虑感、危机感以及那种具有创造性的信心的混合,这也正是基督新教的处世原则在国际范围上的自然延伸。亨廷顿很清楚,如果美国意在成功,就必须有一个作为基础的神话,这就是他所谓的与其他文化势必处于战争状态中的"文化";对美国来说,如此定义的"文化"实际上等同于那些镌刻在全体国民心中的神圣故事。"文明冲突论"在表象上充盈着实践的意涵,却内在地要解决一个至深的正统性问题,此即:我们究竟应该相信什么?

阿伦特在出版于1963年的《论革命》中提出这样的观点:美国通过政治性的国家宪法已经解决并巩固了它自身的正统性问题,美国因此成功地将宪法及其在各个时期的修正案变成了一篇美国公民心目中的神圣经文,这样的神圣性具体地体现在国家权力机构的设置及运作中,尤其是最高法院;宪法因此就成为美国的公民宗教或公民神话,最终正是这样的宗教或神话的存在,解释了为什么美国缺乏社会性革命。然而,对亨廷顿来说,这样的正统性仅仅暗示了合法性,它与托克维尔所描述的那种充满想象力的美国心灵缺乏联系,它不但远离了清教徒精神、远离了库珀的"回乡之路"、远离了"猎鹿人"的那种英雄惜英雄的"亭亭如盖的情谊之树",更远离了美国文化自身,它也并不能展示民族性规划的伟大前景；亨廷顿的身心处于希腊悲剧的传统当中，如年轻时代的尼采所阐明的那样，如果历史像阿伦特所展示地成为对过去的理性的、平心静气的叙述，这实际上恰恰显示出文化衰落甚至终结的征兆。文化根植于神圣之乡，当人们狂热地崇尚理性，当逻辑取代血性，当神话陨落成迷信，那么作为基础的文化就会渐渐弱化成一个虚假而脆弱的表征而已。正如深具民粹精神的林肯每到人生的十字路口都会来到河边与墓地喃喃对话一样，只有从这些神秘事件中你才可能了解到你是谁。唯独通过文化，一个民族才能娓娓道出关于自身的真相，其余的都是无关紧要的漂浮的杂物。

"文明冲突论"背后的政治逻辑也正是托克维尔在十九世纪已经演绎过的。由于在国内丧失了《独立宣言》或者"宪章运动"的政治基础，于是他们在海外为不能在本国土地上施行防御的启蒙运动而战，这不禁使人想起托克维尔曾对欧洲帝国的冒险事业感到过同样的宽心。亨廷顿在"文明冲突论"中评论说，因身份认同问题而引起的种族战争和恐怖主义，是对现代主义断裂的反应；他们实际上成了现代主义的受害者，他们患上了和托克维尔描述于《论美国的民主》中的杰克逊时代的美国公民同样的焦虑症，对自己在世界上的位置惶惑不安，并对他们是谁这个问题感到无从回答。对这种沦落和同化的焦虑作出反应，人们开始对自身的传统和宗教矢志不渝；正是这一切使得所有那些选择身份认同的严酷模式具备了充分理由。[1] 但是，在基辛格和尼克松时代，美国一直紧张的政治神经仍然能够展现出相当程

---

[1] 参见，亨廷顿，《文明的冲突与世界秩序的重建》，周琪等译，新华出版社，1998，第 67-90 页。

度上的那种英国式的宽容、灵活和节制,在这样的外交风格中,恰恰体现出基辛格所特有的那种对民主政治和议会政治的贵族式的蔑视,让人看到在一个不再抱有幻想的世界里,展示其真实而雍容的性格仍是可能的。然而,在亨廷顿的"文明冲突"逻辑中,生死对立以残酷、暴力和恐怖的形式阐述了那种霍布斯式的自然状态的无可逃脱的必然性。在"文明冲突"的政治逻辑中,基辛格式的"百折不挠的坚定"和风范已全属奢侈和多余,既然以文化冲突为基础的生死战争已经注定,那么外交在这样的逻辑中也仅仅需要走向残酷极端的决心,仅仅这一点就足够了。对自由派而言,"文明冲突"实质上意味着为军事姿态提供了一个理由,这样一个在海外施行启蒙的机会则在实际上意味着在国内,自由主义(更不用说保守主义)的败落已经使得这样的启蒙行动既无法进行也无法防御了。此等情形之下,对政治派系的双方来说,帝国干涉的责任首先意味着美国社会自我更新的契机,在自由市场已经耗尽社会内部自我变革能量的时刻,一场外来的刺激是再珍贵不过的。"文明冲突论"将冲突的根源锚定在"文化"之中,使"文化"超越"政治",而居于至高的主宰地位,从而使冲突、恐怖和战争成为国际政治格局的理想基础;"文明冲突"在亨廷顿手中,始终是一位不速之客,它不同于最为风云诡异的、以现实政治为基础的十九世纪强权外交,因为它不是从政治需要或司空见惯的政治冲突中涌现,它独立于政治之外;并以神谕的方式,要求人们走上战场。

此等植根于价值危机的革命承诺一再重演,不断施展威力,令普勒姆这等深染格莱斯顿自由观念的历史学家不免忧心忡忡,这样的焦虑不仅仅涉及国族的命运,更涉及全人类的命运。普勒姆的申述道出了那一代自由派历史学家的心声:"所谓过去,从来都是一种人为创制的意识形态,并且暗藏了意图,意在控制个人、激活社会并激励各个阶层。一切概念当中,遭滥用程度最高者恐怕非过去这个概念莫属。历史和历史学家的未来就在于,将此类暗藏意图的欺骗性观念,从人类叙事当中清除出去。只要历史依旧繁荣,过去之死倒也不失为一桩好事。过去不应当如同凤凰那样从灰烬中重生,再次像往日那样,对人类当中的压迫和剥削提供支撑,用恐惧折磨人类,或者是借由人类自身的绝望感来窒息人类;对此,应当抱有希望,这一点是最最重要的。说白了,过去只是为少数人效劳的,但历史则是为着大众的。"据此,普勒姆将剖析框架一下子拓展开来,将古往今来的东西方世界历史叙事尽数收入囊中。他毫不留情地指出,古代最伟大的史家,诸如希罗多德、修昔底德、波利比乌斯以及李维等人,也都受制于这种典型的历史神话及其社会效能;修昔底德的情况当然是最能说明问题的。修昔底德当然是以精准的眼光致力于当代事件,那可都是他亲身体验的事件。然而,即便是修昔底德这样一颗精确且严苛的心灵所铸就的当代事件的历史,也不足以成为我们今天所谓的历史。修昔底德当然也在追索真相,但那并不是历史真相,而是置身战争和政治漩涡当中的人们的行为和激情,确切地说,修昔底德所追索的是人的本性、机缘的干预、勇气和软弱以及善恶这样的东西,也正是因此,修昔底德允许自己运用充满想象力的叙史方法;即便是修昔底德也无法或者也不愿逃离这样的历史悖论:要将意义赋予历史,就得抛弃历史。[1] 在他们这里,历史就是教化,这比史料的真实性和准确

---

[1] M. I. Finley, *The Greek Historians* (1959), p.14。

性都更重要。兰克的一段集中性的评论显然并不仅仅是针对司各特式的浪漫主义小说的,同时也是针对古代以来的共和主义历史叙事传统的:"如果人们只根据不可能可靠的记忆写历史,就总要沾上神话的边,这一点十分引人注目。人物描绘越来越鲜明生动,在某些方面达到了人们想象得出来的优美的程度。特定的事件被描绘得更加鲜明突出,和事件有联系的环境和原因都被忘记了。似乎只有通过这样的写作过程,幻想提出的要求才能得到满足。在后来时期,才出现了怀疑这类东西的学者,他们不明白人们怎么会产生这样的错误观念,他们竭尽全力根除错误,但终于发现这种事情并非容易。道理可以使人信服,但想象却无法制服。"①

人类的生活就是如此,他们在自身教养中一直尊重的东西一旦发生变动,在他们看来,这就等同于亵渎神圣。人类心灵的此种性情就是保守主义。保守主义之抗拒变迁,是出于本能,而非源自理智,在很大程度上,也正是这样的保守主义引爆了潜藏能量。在这方面,罗马人的心灵态势是僵硬的,罗马社会的历次重新调整都伴随着大屠杀。谋杀格拉古兄弟、放逐马略和苏拉以及一系列的三头政治名单,这一切都是这方面的例子。对于有着保守倾向的人,杀戮是自然给出的救治之道。奥古斯都使用了这样的办法,他实际上将反对势力斩草除根了;而后,新的组织便得以发挥效能。与之类似,法国人在遭遇危机状况之时,也往往诉求大屠杀来克服障碍,从十三世纪针对亚尔比派的讨伐行动直到十九世纪的巴黎公社,莫不如此。毫无疑问,倘若一个群体趋于僵化,灾难就会接踵而至,比如罗马的历次内战以及

---

① 转引自,J.W. 汤普森:《历史著作史》,下卷,第三分册,同前,第244页。

1793 年法国的恐怖体制。若要克服此种原初社会状态的惰性,是需要巨大能量的。传统在竭力阻碍人们理解周遭生活境遇所发生的变迁,更力图让人认定,他所熟悉的那套体制是拥有内在的善的。让人们敬畏这套制度,就如同敬畏启示宗教一样。

普勒姆在评述西方帝国往事之时,给出了这样的锐利评析:在更具职业素养的历史学家那里,在有着高度民主精神的现代国家中"(过去)是不可能具备社会效能;不能将目的意识赋予他们,也不能为他们心目中的权威提供坐标,更不可能提供证成或者支撑,就像印度的过去可以为一个麦考莱式的人物或者英印帝国的统治精英提供权威证成或者支撑那样。对这样的人物来说,过去的意义就如同宗教一样。法国也是同样的情形。尽管戴高乐极为关切法兰西的昔日荣耀,但无论如何,米什莱的时代已经结束了。随之一同消散的还有拿破仑的传奇以及那种信仰,那种信仰认定,法兰西的革命过去令法兰西在自由和平等事业中享有特殊权威。在希特勒的偏执和灾难之后,德意志的过去,也就是浪漫主义和黑格尔的过去,便已经丧失了希望,丧失了自我确证感,存留下来的唯有噩梦般的过去。在美国,仍然有大量的历史既是确证性质的,也是编年叙事性质的,尽管如此,即便在美国,历史境遇也已经演变得极具精神分裂症的特质。过去之意象,也许可以更确切地称之为美国意象,也就是所谓的希望之地、上帝面前人人平等以及政治自由、个人自由等不一而足。此类过去的意象,在面对黑人骚乱和越南战争的时候,也已经难以支撑既有的权威体制了。另一方面,美国之过去意象当中还有诸多元素,是非常契合当前时代的,但也已经不再发挥效用了。美利坚帝国主义借由战争和金融走上了稳步扩张的轨道,此一进程导致了领土扩张,墨西哥和西班牙则在此一进程中沦为牺牲品,同时也导致了拉丁美洲的大片区域沦落到经济被奴役的境地,此一扩张从未用一种作为一个整体的美国统治阶层予以认可的意识形态包装起来。天定命运的观念尽其所能地为战争、扩张以及压迫提供支撑,不过,此一观念却也不曾像当年的不列颠帝国那样能够如此地深入人心,实际上,不列颠帝国的统治阶层在十九世纪以及二十世纪早期,仍然是有能力运用他们的帝国式的过去的。以此种方式运用过去,确切地说,就是以确证性质的年代记史学为社会结构及其统治者提供证成和支撑,此种做法也许还没有彻底死亡,不过也已经病入膏肓,至少在西方是这样的情形。说白了,过去激励着自己去达成某种未来,此种意识在西方的任何国家都已经消散殆尽了。对西方各国来说,天定命运的观念已然伤痕累累,不过是政客们以及日趋衰老的统治者们的破败避难所而已,此一观念曾经涵养过的一切强有力的社会情感,如今已经迅速地干涸了。"

若如此,则今日之西方帝国的冲动和能量最终也难免罗马帝国或者法兰西帝国的命运,因自身元气消耗殆尽而走向死亡,最终如同吉本和布赖斯的"拜占庭帝国"预言那样,只能等待着更有生命力的帝国边缘对徒然吞噬文明活力的帝国中心实施反噬。然而,在这个问题上,普勒姆恰恰也犯下了将价值和事实两元割裂的柏拉图主义的谬误。价值的王国从来都是明晰且单一的,但事实的王国却从来都是多元的,这其中蕴涵了太多的变化的可能性,人类和文明的生命力却正在于此。同英格兰的自由帝国观念截然不同,同德意志的民族帝国观念更是难有牵扯,美利坚政治从本质上就注定了一种帝国冷漠症。

对于二十世纪六十年代处于罕见历史断裂期的历史学家来说，美利坚民权运动以及对外战争催动的联邦权能之超乎常规的扩张，毫无疑问令美利坚在进步主义年代结束之后便构建起来的稳定且富有文化内涵的新等级体系，遭遇巨大威胁，这样的威胁不仅仅是观念层面的，确切地说，不仅仅是汉娜.阿伦特眼中的一场纯粹的"共和的危机"，而是切实的和迫在眉睫的。政治运动和立法行动已经大规模地渗透到公民生活的基础层面；州权和联邦权在美利坚历史上，似乎从来没有哪个时代像那个时代一样，取得如此完满的协同机制，一致推动"新罗马"之政治隐喻在美利坚常规政治运作机制当中肆意扩散和深化。此种历史境遇之下，那一代历史学家当中的杰出人物便难以克制预言的冲动，十八世纪的清教资源和十九世纪的盎格鲁-撒克逊种族资源，特别是十九世纪以特纳为代表的"边疆"叙事资源，在那个时代复兴便成为顺理成章之事，这一切的叙事资源是有着共同指向的，那就是美利坚的"普遍帝国"。

普勒姆提起的历史申述是这方面的代表论式："天定命运展现为众多形态，或粗野或精致，世人都见证了此一观念是如何在法兰西和德意志发挥作用的，甚至过去百年间的意大利，也可以见证到同样的历史现象。大多数国家或者民族的天定命运观念不像英格兰的观念精致，并且这些国家或者民族的天定命运观念在学院派圈子中也更少得到认肯，也许德意志是个例外。类似的神话叙事在美国也存在。那种严格的加尔文宗的过去观念，也就是圣经的过去、福克斯的过去以及新以色列的过去，已然抵达终结点，在乔纳森·爱德华兹那里收获了令人哀婉的终局。不过，神学过去的死亡并没有令美国从此种特殊的天命意识当中解脱出来。宗教的过去穿上了世俗的外套。此一崭新的世俗版本的过去观念，借由革命叙事而得到了强化，据此观念，美国革命尽管有法国革命紧随其后，但也是一桩独一无二的事件，原因就在于法国革命因为恐怖体制和独裁体制而遭到玷污了。十九世纪的历史学家们，确切地说，就是那批伟大的浪漫派史学家，诸如班克罗夫特、莫特利、普利斯科特和帕克曼等人，也都如同威廉·布拉德福德一样，认为美国较之已经沦落的欧洲邪恶世界，更为洁净、纯正，更少腐败，更接近上帝以及神圣之道。由此，美国便成为一个法庭，一切历史都需在此接受审判。当然，这批浪漫派史学家在具体叙事方面都做到了足够的精确，原始文献也如同旗帜一般标示在他们的作品当中，不过，他们并非真正意义上的历史学家。美国需要一个新的过去，他们正是这个过去的创制者，他们从那古老的神学过去当中接纳了众多元素，同时也将诸多新的纬度纳入其中。他们当然维系着特殊天命的意识，不过，他们也都对美国的历史境遇实施了精巧的运用。他们将美国的过去视为一片遥远且空旷之地，大自然居于至高的主宰地位。新大陆远离了欧洲的老迈腐朽，并养育了更为强韧、更为刚正、高贵，也更为纯正的血统，不像欧洲那般精巧，但更为诚实。同大自然的斗争滋养出真正的男子汉气概；在新大陆，无论是山川还是草原，都散发出孤傲的美感和不容触及的庄严，正是如此美丽、如此恢宏的大自然吸引并养育了一个高贵且刚健的族群。很显然，这样的过去观念是专为东北部和西部创制的。不过，这样的过去观念的效能则涵盖了整个美国。此种观念之于中西部农夫的吸引力是不言而喻的。不过,对于新英格兰的社会精英群体,其魅力无疑是最为强烈的。"

很显然,普勒姆在此建立的这一宏大叙事,不过是在重述一个特纳式的"边疆"故事,然而,普勒姆将此一"边疆"故事向着扩张性的"帝国转向"扭曲,这显然背离了美利坚"边疆"故事原本的历史-政治含义。特纳之"边疆"叙事是内向的,是为着美利坚之内部民主政治寻找一种自然统一性,而且,这样的自然统一性跟同一时期欧洲式的种族一致性、文化一致性、民族一致性乃至国家一致性,并无任何的牵扯和关联;特纳之"自然统一性"是以美利坚民主政治的程序空间为基础和诉求的。美利坚之民主叙事尽管同英格兰之辉格党叙事有血脉传承,但美利坚之民主叙事并不包含任何的民族帝国元素以及十九世纪辉格党叙事当中的那种历史哲学诉求和文化元素,说白了,美利坚的民主叙事甚至都不能算是民族叙事,同帝国叙事更是没有牵扯可言。或者不妨更确切地说,美利坚民主叙事是内在的,而非外向的。民主的自然统一性是依托民主政治程序内部的多元斗争建立起来的,此类斗争是在实证法令轨道上围绕美利坚特有的权力制衡体系展开的。在美利坚民主政治的这个发育过程中,决定性的事件并非民族事件或者帝国事件,而是以聚沙成塔之态势涌现出来的细碎的立法和司法事件,的确,联邦权能正是在内战之后民主政治的这段集中发育期,获得了异乎寻常的扩张,但这样的扩张是美利坚国内民主政治发育的自然结果,并且也是以国内民主政治的发育为指向的。正如詹姆斯.布赖斯于十九世纪、二十世纪之交的时候敏锐评说的那样:"美国在海外的征服行动,规模相当小,而且都发生在遥远之地,因此也就不足以引发国民的思考。对海外属地的控制权能尚且没有显著提升联邦政府的地位，海外控制权能当然超越了国内的控制权能，不过，联邦政府作为宪法因素的性质并未因此发生任何改变。说白了，美利坚的统一化潮流所蕴含的诸般力量，之所以能够涌动起来，发挥巨大效能，并非依托当今美利坚政府享有的那种'帝国地位'，也并非依托美国自身的世界强权地位，而是以前文所述的那些内部斗争为依托的。"①

  截至二十世纪七十年代，当美元在规模巨大且不可逆的转移支付经济所造成的压力之下，最终不得不选择同黄金并进而同固定汇率脱钩的时候，美国一夜之间从最大的资本输出国和债权国，转变为最大的债务国；美元一旦从布雷顿森林体系的约束中挣脱出来，就立刻变成了一个巨大的黑洞中心，吸纳了几乎全球的国际资本。大英帝国在金本位时代从来都不曾处于如此有利的位置上，金本位体制实际上常常会给英国自身的工业建设和农业发展带来种种不便，甚至常常引发社会性质的国内危机。事实上，当以法国为首的欧洲大国在越南战争期间拒绝为美国的战争债务提供资金时，美国看似永无尽头的贸易顺差就戛然而止了，而美国海外军事行动所引发的债务，实际上只是美国总体债务的冰山一角。时任财政部部长的约翰·康诺利用一句格言概括了以转移支付经济形态为国内支撑的美元的国际地位：我们的货币，你们的问题。他在日内瓦的十国集团财政会议上对此作出了坦率的解释：新的货币关系必须每年为美国解决一百三十亿美元的贸易差

---

  ① 参见，James Bryce, *American Commonwealth*, LibertyFund Edition, p.318："A Supplementary Note to 1910 Edition"．

额问题，否则美国这个世界经济的头号发动机将失去动力，海外军费开支也将遭遇严重危机。

康诺利的政策成功了，可以说他的预言也实现了。不过，他完全想象不到，在未来的数十年间，美国所主导的这种自由帝国形态，竟然可以依托大规模的国内债务所产生的国际联动机制而稳定运行下去；严格来说，这是一种不存在长期承诺和稳定货币的碎片化的自由帝国；军事上的非凡成就同经济和金融体系的目光短浅并行不悖。他更想象不到的是，国际资金，尤其是东亚国家央行的资金在美国联邦债券中竟然承担了如此高比例的份额。1980年，戴维·洛克菲勒在三方委员会发表题为《追求一贯的外交政策》的标志性演讲，直陈美国外交政策的基础性缺陷："领导人仅仅鼓动民众支持一项政策是不够的，他们还必须就政策的根据给出解释。此外，若要一项政策具有说服力，政策本身就必须拥有一贯的目标以及执行政策的全球模式。我认为当前政府通常都没有做到这一点。……外交政策必须依托开明的国家利益。必须频繁地处理种种分歧，却通常无法解决分歧。这就是我们的领导人必须应对的局面，领导人必须以清晰且耐心的语言向民众做出解释。……处理矛盾和冲突是非常繁杂的事情，如果要达成外交政策的目标，就必须对世界形成一种全球性的观点，同时也必须赋予外交政策以基本的稳定性和一致性。不可能在各个方面都满足一贯性的要求，不过基本逻辑的模式是应当具备的。……基本的一贯性，也就是说，对重大国家利益的一贯性追求，在我们今天的外交政策中是缺乏的。人们不禁怀疑，我们是否真的知道我们将去往哪里以及如何达成目标。"① 然而，在一个由转移支付型经济熔铸的多元利益格局当中，宪法不可能赋予帝国派或者反帝国派单一的决策力量；有人抱怨美国在中东和巴尔干的"国家重建"根本不够帝国化，也有人抱怨美国正在走上过度介入的道路。传统的帝国模式，可能是古罗马模式，也可能是英国模式，在美国既能吸引到支持者，也能够吸引到同样多的反对者，这些群体都可以通过美国分散化的决策渠道以及选票，获得各自的宪法力量；就"失败国家"的重建这个问题而言，东北部的精英们也许会表现出极大的兴趣，但同样的事情对于西部选民来说，则是有百害而无一利的。换言之，任何的帝国建设模式在美国都只能获得一个极为狭窄的政治基础，这样的基础是根本不足以推行任何系统化和长期化的帝国意向的。更为根本的是，大规模的国际债务链条所产生的联动机制不但极大限制了美国进行独立和一贯性外交决策的空间，同时也将世界的主要经济体绑缚在同一联动机制之上。举例来说，正如弗格森所总结的那样，"……美元的贬值会给中国金融机构带来重大的后果，许多金融机构是以美元为储备的，但其拥有的资产却是以人民币结算的。其结果是通货紧缩将席卷整个中国经济。其次，采取反华措施将会伤害美国公司，越来越多的美国公司现在对华直接投资，以利用其廉价而相对高质量的劳动力与明显稳定的体制的组合优势。海外直接投资现在总计高达中国国内生产总值的百分之四十左右，是自帝国主义时代的中国'门户开放'政策以来从未

---

① David Rockefeller, "In Pursuit of a Consistent Foreign Policy", 见 *Vital Speeches of the Day*, ISSN 0042-742X, 06/1980, 卷 46, 期 17, p. 517-518 页。

达到过的水平。"①

正是这样大规模的、以美国转移支付社会为源头的国际债务联动机制，构成了美国式自由帝国的经济基础，也正是这一点解释了为什么肯尼迪的悲观预言会最终落空。在二十世纪八十年代的"过度扩张论"演说中，肯尼迪将处在债务重压之下无以自救的美国经济同大革命前的法国"旧制度"进行了类比。众所周知，正是债务问题压垮了由路易十四一手创建的法兰西帝国；然而，美国的国际地位并非旧制度时期的法国可比，美国赖以构造债务帝国的超强国力以及作为附属的国际资本流动体系，是旧制度的法国可望而不可即的。问题的关键在于：假如世界的主要经济体一度而且仍然受惠于美国所主导的国际资本开放体制和自由贸易体制，那么美国在这条道路上还会走多远呢？或者换个问法：假如这个开放性的国际经济体系有一天会造成美国经济的相对衰弱，美国是否会像当年的英国那样对此有所忍耐、有所担当，而不是在一夜之间回归到传统的贸易保护轨道上去呢？显然，反帝国主义的帝国模式之下，对此问题的任何定见都只能是以偏概全、一厢情愿之见。美国的帝国模式显现为古罗马和法兰西普遍帝国模式的对立形态，同时也同大英帝国的自由帝国模式存在本质性的区别，大英帝国在军事上的优势地位远远无法同美国相提并论，但是大英帝国却提供了美国所远远不能企及的帝国经济效能和经济稳定性。这一本质性差别的根本原因在于，大英帝国拥有一个单一且无可挑战的经济决策中心，这一决策中心从一开始就是帝国指向的，它所拥有的经济基础是国内任何力量都不足以撼动的，即便在爱尔兰和苏

---

① 弗格森，《巨人：美国大帝国的代价》，华东师范大学出版社，2007年，第257页。

格兰风起云涌的民族主义时期,它依然能够从容穿行其中,稳步前行。

在美国,宪法所拱卫的支付转移经济形态以及大众选票机制的成熟运行,使得美国政治体制不可能为此种帝国导向的经济决策中心留下生存空间。宪法同时也捍卫了共和精英阶层的特权不受"帝国体制"议程的侵蚀。因此,在可见的未来,美国将依然满足于共和国和帝国共同构筑起来的这种矛盾式存在,这一命运实质上在独立战争当中就是已经决定了的。美国无意承担一个以长期承诺为基础的帝国,但是美国也绝非一个扩大版的瑞士;美国的贸易和金融力量将在何种程度上以及以何种方式影响并塑造世界经济秩序,这归根结底只能说是一个实践智慧的问题,而非一个理论问题。我们能说的仅仅是,美国是世界经济秩序的首要参与者,而且美国绝不会像自由贸易时代的大英帝国那样,是一个以"现状"和"秩序"为诉求的参与者。上个世纪初,正值美国走入"边疆封闭"而欧洲走向战争的时期,奥托·辛策在《国家的形成和宪政发展》一书中,提醒人们对世界秩序问题采取一种"集体"眼光,并提请那个时代的帝国主义者和民族主义者注意"外部事件"和"外部环境"对于一个国家的内部构造将会发生的决定性影响。[①] 毫无疑问,在今天这个自由帝国时代,辛策的政治预言在经济上实现了。正如霍布斯鲍姆所言:"……经济越来越依赖大众消费,美国首先迈入这个阶段,然后是其他国家。各国陷入互动循环当中,必须依靠内部的公共转移支付,如退休金以及其他的社会保障制度与社会福利制度,也就是要靠政治与行政机制来进行社

---

① 参见,Otto Hintze: "The Formation of States and Constitutional Development",见,*The Historical Essays of Otto Hintze*, New York, ed., by Felix Gilbert, 1975。

会再分配。过去三十年来,各国福利机制迅疾扩大……在西方和东方都有相同的效果。……再分配机制到了这种程度,可以说是已经完全建立了,而且也可以放心地说,它被废止的机会可以说是微乎其微。顶多是像里根曾梦想要回归麦金利时代的经济状况一样。"① 至于由此造成的不正常的经济和阶层鸿沟,各国都深深懂得诉求国家主义政治乃至强人政治,以"可以接受的暴力程度"作为解决之道;在这个问题上,当今世界各国同样陷入了一条相互加强的国际互动链条当中,无法自拔。

同罗马的普遍公民权帝国或者英国的自由贸易帝国相比,美国帝国秩序就其极限而论,也只能称得上是"非正式帝国"或者"自由帝国"。人们也习惯于称呼东印度公司大改组之后的不列颠帝国为"自由帝国"或者"非正式帝国",不过,在面对当今世界主要政治力量之一的现代民族主义之时,美国并没有展示出类似格莱斯顿那种对于民族自决原则的系统性宽容,也没有展示出吉卜林-张伯伦式的统一性的高压。相反,支配美国政策的仍然是汉密尔顿-杰斐逊式的矛盾组合,一方面是考虑国家利益,另一方面则是启蒙式的理想主义,宪法框架实施着绝对地约束,迫使美国的帝国秩序诉求只能在这种矛盾组合当中不断游移,直至恶果酿成而不得不选择"提早抽身"。这一切都使得美国式的"自由帝国"同不列颠自由帝国形成了鲜明的对比。

回避帝国责任的典型方式有两种,一种是纯粹的国际霸权,另一种就是"孤立主义";美国的世界主义政策毫无疑问是在这两个极端之间不断变幻摇摆;这只是表面上的极化态度,实质上二者是同一枚

---

① 霍布斯鲍姆:《论历史》,中信出版社,2015,第53页。

硬币的两面，都是由杰斐逊主义及其帝国观念化育而出。美国当然能理解经济互惠和经济援助的力量，以及纯粹的军事力量；然而，人类事务，特别是国际事务，所蕴含的动机却是极度复杂的，这其中涉及族群、文化、传统、希望、恐惧以及嫉恨等等无穷无尽的元素，这些恰恰是当今世界各国内部团结和对外政策的根基。处于此种格局中的美国，准备以致命的武器和绝对的实力为装备以及巨大的经济援助能力，接受并执行托马斯·潘恩曾经称之为"全人类的事业"；但是当这一事业进入"国家建设"的轨道并遭遇美国所不愿理解的"他者"文化力量的挑战之时，美国也随时准备脱离建设轨道。显然，这一事业、此种做法，并非杰斐逊式的共和帝国事业，也不是伯克或者麦考莱式的自由帝国事业，而且也缺乏对自由帝国观念的历史性同情和实质性了解。正如乔治·凯南在《美国对外政策的现实》的开篇所论："我确实认为，早期的美国政治家们在处理国家事务时，一般来说比我们这代人对自己的企图有更好的认识，至少是一个更为明确的认识。"[①]凯南进一步阐释了美国外交的哲学基础："我们不像俄国人那样，我们手里没有拿着改造社会的专利药品，以便随时把它介绍给所有前来求医的人去治疗一切病症。我们只是对我们的社会怀有某些信念。我们关怀的是，我们是否能够实现这些信念。我们关怀的是，我们的国外环境是否尽可能地有利于这种过程的进展。我们执行的外交事务就是为了达到这种目的。仅此而已。"[②]此种外交哲学中的现实主义和国家利益诉求，只是表层事实，穿透这些事实，便不难见

[①] 乔治·凯南：《美国对外政策的现实》，商务印书馆，1958年，第1页。
[②] 乔治·凯南：《美国对外政策的现实》，商务印书馆，1958年，第7页。

出背后的"宪法"潜流,这正是长久以来美国宪法框架所能容许的外交哲学。依据此种外交哲学,凯南对建国以来的帝国历程作出了严格意义上的宪法解释:"美国政治家们在十九世纪初期非常坦率地和非常自信地处理了实力这一现实问题。他们正确地认识到,欧洲国家不受我们保护,不重视我国制度的价值,忽视我国作为一个独立国家而存在和繁荣的重要性。他们有理由害怕欧洲国家在新大陆玩弄阴谋诡计。他们用很大的力量来遏制欧洲国家对我国领土的野心。他们毫不犹豫地把我国的主权扩张到太平洋边,以防止欧洲国家在西部领土插足。"[1] 将美国的帝国历程处理为一个实力问题之后,凯南便直指问题的要害,要求美国人摒弃世界秩序问题上"不切实际"的帝国承诺,回归宪法框架,对于那些"失去了对外交政策实质的感觉"的人,凯南直陈其英式帝国幻想的实质,并评论说:"一种由我们社会的原本目的所导致的形势,已经不再能够满足他们了。和其他方面一样,浪漫主义精神在这方面攫住了他们。他们毕竟是维多利亚时代的子孙,各方面都容易在见解上受到稀奇古怪的铺张和虚浮的影响。他们希望把他们的建筑物弄得富丽堂皇、华而不实和过度装饰。同样地,我相信他们要把他们的政治策略弄得显赫而不切实际,并且只强调外表而不注重内在的实质。结果产生了这样一种情况,就是那时我们美国人不再满足于做普普通通的人。我们那时是想要显得骄傲、高贵和举足轻重。"[2] 显然,不应当仅仅在"遏制"战略的背景下来理解凯南所谓的"美国对外政策的现实",因为这样的"现实"也正是"严格解释"

---

[1] 乔治·凯南:《美国对外政策的现实》,商务印书馆,1958年,第8页。
[2] 乔治·凯南:《美国对外政策的现实》,商务印书馆,1958年,第9页。

的美国宪法所阐发并支持的"现实"。另一方面,美国宪法要求放弃世界秩序领域的英国式的承诺和建设模式,这意味着美国宪法将维持汉密尔顿-杰斐逊式的张力和矛盾格局,只要这一格局不被突破,美国就不会像罗马帝国、法兰西帝国和大英帝国那样,将自身的生命力纳入自我耗竭的帝国轨道当中;这同时也意味着在美国主导的这种自由帝国的格局中,没有哪个民族或者国家会天然地安享高卢或者印度那样的优惠地位。这就如同尼布尔在评说"美国历史之反讽"的时候总结的那样:"我们总是觉得我们的美德同旧世界的罪恶形成了鲜明对照,我们总是担心倘若我们陷入世界政治纷争的泥潭,我们的纯洁就会遭到玷污,正是这样的意识和感受,令我们在本来就极为可怜的审慎之外,更是平添了精神上的虚荣,令我们的责任意识更形薄弱。"① 很显然,正是这种杰斐逊式的"自我纯洁"意识,令美国的理想主义者、犬儒主义者和现实主义者顺利合流,共同促成并推行一种习以为常的不负责任的强权政策。

克罗齐的著名历史格训,"一切历史都是当下史",实质上揭示了人类事务当中最为深沉也最富悲剧性的境遇:历史是无法同政治、政治神学、政治神话以及意识形态脱钩的。每个看到这个格训的人,在一番自我主义的反思之后,都自以为已经拉出了足够的距离,误以为自己可以凭借亚当·斯密所谓的"公正的旁观者"的身份去思考历史和当前,并据此构思未来了,都以为自己从事的事情是远离民众热情的"客观"之事,可以展开纯而又纯的历史因果律分析了;但历史研究的实情永远都是,"隐瞒事实"跟"虚假暗示"之间并没有任何区

---

① R. Niebuhr, *The Irony of American History*, Chicago, 2008, p. 131.

别,无论历史研究者是否有意识地在二者之间做出区别,是否有意识地告诉同行,要时刻注意二者之间的区别。历史的误用和滥用造成的最严重的威胁就是,将某一族群的历史视为一个完整且独立的整体,一个无可穿透的"致密体",可以独立于人类普遍史的叙事脉络之外,要么以受害者要么以纯洁者的姿态独存。正如霍布斯鲍姆所论:"来自内在以及外在的巨大压力逼迫着人如此行事。我们的热情以及兴趣驱使着我们走上这条道路。例如,每个犹太人,不管他的职业是什么,都会直觉地接受这样的问题,因为这是几个世纪的威胁之下,犹太人这个族群面对外在世界的一种方式:'这对犹太人好吗?是不是有人在图谋为害犹太人呢?'在受到歧视与杀戮的年代里,这些问题无疑为这个族群提供了个人行为与群体行为的指南,虽然不一定是最好的。但是对一个犹太历史学家来说,却绝不能依此行事,即便他写的是自己民族的历史也是一样。即使是研究小历史的历史学家,也应该追求普遍性。这并不只是忠于史学理想的问题,而是因为,若不如此,我们就无法了解人类的历史,当然也就无法了解人类历史当中任何一个特定的小环节。这是因为人类各个群体的历史,都只是更大更复杂的世界的一部分。一个只为犹太人设计的历史不会是个好历史,它只能对写这种历史的人产生自我安慰的作用而已。遗憾的是,从这个世界到二十世纪末为止的大部分状况来看,坏历史并不是完全无害的,它是危险的。从明显无害的键盘敲打出来的字句,很可能就是死亡的字句。"①

对此,历史学家的职业素养当然都是有直觉体认和警觉的,普勒

---

① 霍布斯鲍姆:《论历史》,中信出版社,2015,页408-409。

姆反复申述说:"历史学家的目的在于不断深化对人和社会的理解,这不仅仅是为历史研究自身的目的,更是希望更渊博,更为深沉的知识、更深刻的意识,能够帮助塑造人的态度和行动。"不过,《过去之死》一书本身也在阐扬大量的价值元素,而且作者也从未宣示说要放弃一切价值,要终结一切的"过去",这是因为本书作者很清楚,非理性的价值元素和情感元素正是人类历史的固有成分。

(译者单位:宜春学院公法与政治思想研究中心)

编 后 记

J. H. 普勒姆是 20 世纪英国大史学家。从 20 世纪 50 年代到 70 年代，他是剑桥历史学的领军人物。他著作等身，除了《过去之死》(*The Death of the Past*) 外，重要的作品还有 *Sir Robert Walpole: the Making of a Statesman*，*The First Four Georges*，*The Growth of Political Stability in England ,1675-1725*，*Men and Places*，*The Italian Renaissance* 等；他桃李满门，门下弟子中著名的史学家有斯金纳、西蒙·沙玛、罗伊·波特、大卫·卡纳丁等。几年前读到《过去之死》英文版时，就觉得虽然篇幅不长，却很精彩。此外，他的弟子西蒙·沙玛写了长序，著名史学家尼尔·弗格森写了长篇导言，都为此书增光添彩。这本书虽然只有一百来页，但涉及很多史学家和历史事件，且文字精致，翻译起来并不容易。幸得多年来只在 QQ 上聊过而未见面的林国荣先生答应翻译此书，着实耗费了他不少心血。林君后来曾经提到，普勒姆的 *Men and Places* 写得漂亮极了，以后如果有机会，他很想翻译此书。希望将来有机会能满足他这个愿望。

《过去之死》中译本的出版，我还要感谢两位师长。一位是陆建德老师。因为无意中读到陆老师的一篇文章，其中提到他很欣赏《过去之死》这本书，因此很希望他能给这本书写一个推荐语。托一位朋友找来陆老师的电话,很冒昧地给他发了短信,其实心中很是忐忑。没想到陆老师当即应允,后来还指出译稿中的一些错误和不妥之处,指出书中某处应该作注,甚至对封面都提了很中肯的意见。前辈学人的风范,让我感佩不已。另一位要感谢的是魏云鹏先生。这本书的译稿能由他审校,相信质量能更有保证。

  是为记。

索 引

Abel, 25,81 亚伯

Abraham, 69,75 亚伯拉罕

Abydos, 33 阿比多斯

Achilles, 33 n. 1 阿喀琉斯

Acker, William, 47n.1 阿克尔，威廉

Adam, 25,75,76, 81,95 亚当

Adams, Henry, 41 n. 2 亚当斯，亨利

Africa, 139 非洲

Akkad, 51 阿卡德

Akkadians, 36 阿卡德人

Akn-en-Atun, 33 阿肯那吞

Alciato, Andrea, 121 阿尔恰托，安德莱亚

Alexandria, 75 n. 1 亚历山大里亚

Alfred, king of England, 31,85 阿尔弗雷德，英格兰国王

Ali, Mohammad, 114n. 1 阿里，穆罕默德

America, 34, 43, 88, 89, 89n.1, 90, 90n. 1, 96, 97,120 美国

Andrewes, Anthony, 25 n. 2 安德鲁斯，安东尼

Angle, Thorbjörn, 26 安格尔，托尔比约恩

An-Yang, 63 安阳

Arabs, 114n. 1 阿拉伯

Archimedes, 108 阿基米德

Aristotle, 56 亚里士多德

Arnold, Thomas, 56 n. 1,86 阿诺德，托马斯

Arthur, King, 49, 51 亚瑟王

Asia, 103 亚洲

Assyria, 131 亚述

Assyrians, 36,63 亚述人

Athens, 30 雅典

Atkinson, Geoffroy, 120n.1 阿特金森，

乔弗雷

Aud the Deep-Minded, 24 深思者艾于德

Augustine, St, of Hippo, 41, 76,78,84,116 希波的圣奥古斯丁

Babylon, 37, 38, 64, 64n.1, 74,79,131 巴比伦

Bacon, Francis, 92 培根，弗朗西斯

Baker, Sir Richard, 31, 38 理查德·巴克爵士

Ball, John, 53 鲍尔，约翰

Bamford, T.W., 56n.1 巴姆福德，T.W.

Bancroft, George, 38,41 n. 2, 89,97 班克罗夫特，乔治

Barb, A. A., 74 n. 1 巴伯，A.A.

Baron, Hans, 52 n. 1 巴隆，汉斯

Bartolus of Sassoferrato, 119 萨索费拉托的巴特鲁斯

Baudouin, Francois, 39 n. 1, 83 博杜安，富朗索瓦

Bayard, Le Chevalier, 50 巴亚尔骑士

Bayle, Pierre, 126 培尔，皮埃尔

Beasley, W.G., 22n. 1, 110n. 1 比斯利，W.G.

Beisner, Robert L., 43 n. 1 贝斯纳，罗伯特·L.

Berg, C.C., 114n.1 伯格，C.C.

Bernard, St, 125 圣伯纳德

Bible, 84, 88 圣经

Birch, Cyril, 47 n. 1 伯奇，西里尔

Bloch, Marc, 106-8, 109 133, I35,135n.1, 143 布洛赫，马克

Bodin, Jean, 83,92 博丹，让

Bodley, Sir Thomas, 124 托马斯·波德利爵士

Bolgar, R.R., 53 n. 1, 115n. 1 博尔加，R.R.

Bollandists, 124,125,131 博兰德派

Bourne, K., 19n.1 伯尔尼

Bradford, William, 89 布拉福德，威廉

Brandon, S.G.F., 27 n. 1, 29 n. 2, 33n.2, 46n. 1,72n. 1 布兰顿，S.G.F.

Brunelleschi, Filippo, 118 布鲁内莱斯基，菲利普

Bryant, Sir Arthur, 42,42 n. 2 阿瑟·布莱恩特爵士

Buffon, G. L. L., Comte de, 94 G.L.L. 布丰伯爵

Bull, Ludlow, 29 n. 1 布尔，鲁德洛

Bullock, Michael, 47 n. 1 布洛克，迈克尔

Bunyan, John, 84 班扬，约翰

Burghley, Robert Cecil, 1st Lord, 33 罗伯特·塞西尔·伯利勋爵一世

Burke, Edmund, 56, 86, 88 伯克，埃德蒙

Burnet, Gilbert, bishop of Salisbury, 67 n.1 伯内特，吉尔伯特，沙夫茨伯里主教

Burrow J.W.,96n.2 布罗，J.W.

Bury,J.B., 92 n. 1,120 n. 1 伯利，J.B.

Butterfield, Sir Herbert, 19n.1,42n. 1, 117n.2,131n.2 赫伯特·巴特菲尔德爵士

Cabot, family of, 34 卡波特家族

Cain, 26 该隐

Cambodia, 111 柬埔寨

Camden, William, 83 卡姆登，威廉

Camus, Albert, 16 n. 1 加缪，阿尔贝

Caractacus, 85 卡拉克塔克斯

Casanova, Giacomo, 67 n. 2 卡萨诺瓦，吉亚科莫

Catiline, 51 喀提林

Charlemagne, Emperor, 33, 33n.1 查理曼大帝

Charles VIII, king of France,117 n.1 查理八世，法国国王

Chavannes, E., 22 n. 1 乔万尼，E.

Chi'ên,C. J.,47n.1 陈志让

Childe, V. Gordon, 136n. 1 基尔德，V. 格尔顿

China, 23, 26n. 1, 28, 30, 47n.1,63, 64, 64n.1, 74, 79, 92, 95,99,103, 104, 109-11, 122,131,139 中国

Christianity, 40, 62, 71-76, 97,99,113 基督教

Chronicles, Book of, 30,31, 39 历代记

Chuang Tzu, 63 n. 1 庄子

Churchill, Sir Winston, 53, 86 温斯顿·丘吉尔爵士

Cicero, 51, 52 n. 1, 56,118,121 西塞罗

Cipolla, Carlo M., 64 n. 1 希波拉，卡

罗 .M

Clive, Robert, 85 克莱夫，罗伯特

Confucius, 22 孔子

Constantine, Emperor, 73 君士坦丁大帝

Constantine, Donation of, 79 n. 1,82 君士坦丁赠礼

Coon, Carleton S., 136 n. 1 库恩，卡勒顿

Cooper, Fenimore, 90n.1,91 库柏，费尼莫尔

Cotton, Sir Robert, 124 罗伯特. 柯顿爵士

Crombie, A. C, 64n.1 科伦比，A.C.

Cromwell, Oliver, 52, 52 n. 2,84 克伦威尔，奥利弗

Cullmann, Oscar, 72 n. 1 库尔曼，奥斯卡

Cyrus, King, 38 居鲁士大帝

Daniel, Glyn E., 95 n. 1 丹尼尔，格林·E.

Darwin, Charles, 96,98 达尔文，查尔斯

David, King, 31,75 大卫王

Dawkins, William, 32 n. 1 道金斯，威廉

Delphi, 25,74 德尔斐

Dentan, Robert C, 29n. 1,33 n. 2, 37n. 1,72n. 1, 114n. 1 登坦，罗伯特.C

Dinkler, Erich, 72 n. 1 丁基尔，埃利希

Dionysus, Festival of, 25 狄奥尼索斯节

Dodd,C.H.,72n.1 多德，C.H.

Donatello, 118 多纳泰罗

Dormer, family of, 32 n. 1 多默家族

Douglas, David C, 124 n. 2 道格拉斯，大卫 .C.

Drake, Sir Francis, 52, 85 弗朗西斯·德雷克爵士

Drogheda, 84 德罗赫达

Dugdale, Sir William, 124 威廉·达格达尔爵士

Dumas, F. R., 67 n. 2 杜马斯，F.R.

Dunbar, 84 邓巴

Eden, 25 伊甸园

Edward the Confessor, 33 忏悔者爱德华

Edwards, Jonathan, 88 爱德华兹，乔纳森

Egerton, N., 122 n.1 艾格顿，N.

Egypt, 26,36,139 埃及

Einhard, 13 艾因哈德

Eliade, M.,29n.2 伊利亚德，M.

Elton, G.R., 138 n.1 埃尔顿，G.R.

Emerson, Ralph Waldo, 97 爱默生，拉菲·瓦尔多

Engels, Friedrich, 64,98 恩格斯，弗里德里希

England, 41, 42, 48, 55, 83, 85, 88,90n. 1,131 英格兰

Euclid, 56 欧几里得

Europe, 54, 90, 95, 99, 107, 112, 143 欧洲

Eusebius of Caesarea, 75 n. 1, 76, 92,113, 114n. 1 凯撒里亚的尤西比乌斯

Eve, 25 夏娃

Fabyan, Robert, 31,38 法比安，罗伯特

Farrar, Rev. F. W., 35 n. 2, 86-87 法拉，Rev.F.W.

Filson, F. V., 72 n. 1 菲尔森，F.V.

Finley, M.I., 20n. 1, 25n. 1, 71 n. 1, 137n. 1 芬利，M.L.

Fiske, John, 49n. 1 菲斯克，约翰

Fitzgerald, C. P., 22 n. 1, 30 n. 1 菲茨吉拉德，C.P.

Florence, 51 佛罗伦萨

Fox, Levi, 32n. 1,124 n. 2 福克斯，列维

Foxe, John, 83, 88 福克斯，约翰

France, 42,43,88,131 法国

Frankel, Charles, 94 n. 1 弗兰克尔，查尔斯

Frere, John, 95 弗雷尔，约翰

Fuglum, Per, 130 n.1 福格拉姆，珀尔

Fuhrmann, H., 79 n. 1 福尔曼,H.

Fussner, F. Smith, 33 n. 1,124 n. 2 帕斯纳，F. 史密斯

Galahad, Sir, 50 加拉哈德爵士

Gardiner, Samuel Rawson, 41 n. 2 加迪纳，萨缪尔·劳森

Gaul, 33 n. 1 高卢

Gaulle, General Charles de, 43 戴高乐将军

Gay, Peter, 88 n. 1, I27n. 1 盖伊，彼得

Germany, 88,90n. 1,131 德国

Geyl, Pieter, 52n. 2 格尔，皮埃特

Ghana, 90n. 1 加纳

Gibbon, Edward, 126-30, 132, 140,143 , 145 吉本，爱德华

Gildas, 126 吉尔达斯

Greek, 57 希腊语

Green, J. R., 85 格林，J.R.

Greenland, 24 格陵兰

Grenville, family of, 32 格兰维尔家族

Grettir, 24,25,26 格雷迪尔

Guicciardini, Francesco, 82, 117, 圭恰迪尼，弗兰西斯科

Guinevere, Queen, 50, 51 吉尼维尔王后

Gilgamesh, Epic of 46 吉尔伽美什史诗

Gillispie, Charles C., 95 n. 1 吉利斯比，查尔斯 .C.

Gilmore, Myron P., 119n. 1,121n.1 吉尔摩尔，米隆 .P.

Gottschalk, Louis, l10n. 1 戈特沙尔克，路易

Goubert, Pierre, 35 n. 1 古伯特，皮埃尔

Gray, J., 110 n. 1 格雷 ,J.

Greece, 54, 64n. 1, 92, 115, 131,139 希腊

Hall, A. R., 64 n. 1 哈尔，A.R.

Hall, Edward, 31 哈尔，爱德华

Haller, William, 84 n. 1 哈勒，威廉

Hampden, John, 52 n. 2 汉普顿，约翰

Han Dynasty, 109 汉朝

Hardy, P., 114n. 1 哈代，P.

Harper, Song of the, 46 琴师之歌

Harrow, Literary Institution of, 87 哈罗文学研究院

Harvard, University of, 55 哈佛大学

Hawkins, John, 85 霍金斯，约翰

Hebrews, 30 希伯来

Hector, 33 n. 1 赫克托耳

Hegel, G. W. F., 43,96,98, I39n. 1 黑格尔，G.W.F.

Hensius, Daniel, 39 n. 1 赫恩西乌斯，丹尼尔

Herder, J. D., 135 赫尔德，J.D.

Herodotus, 20,23,25,75 n. 1, 80,82, 82n. 1, 111n.3, 117n. 1, 希罗多德

Herzen, B., 64 n. 1 赫尔岑 B.

Hill, J. E. C, 64 n. 1 希尔，J.E.C.

Hiroshima, 139 广岛

Hitler, Adolf, 43,86,139 希特勒，阿道夫

Hofstadter, Richard, 41n.2,49n.1, 50n.1, 89n.2,96n.2 霍夫斯塔特，理查德

Holinshed, Ralph, 31,38 霍林谢德，拉菲

Holt, P.M., 114n.1 霍尔特，P.M.

Homer, 30n.2, 56 荷马

Hood, Robin, 53,90n.1 罗宾汉

Hoxne (Suffolk), 95 霍克斯（萨福克）

Hulsewé A.F.P.,22n.1 胡尔塞威，A.F.P.

Hume, David, 129 休谟，大卫

Hyksos, 33 西克索斯

Iceland, 24 冰岛

Illuminati, 67 光照派

India, 56, 74, 111 , 114n.1, 131,139 印度

Indonesia, 111 , 114n. 1,139 印度尼西亚

Irving, Washington, 89 n. 2 欧文，华盛顿

Islam, 75,112 伊斯兰

Israel, 70 以色列

Israelites, 69 以色列人

Italy, 88,115 意大利

Iversen, Erik, 67 n. 2 艾文森，埃里克

Japan, 74, 111 日本

Jesse, House of, 31 耶西家族

Jews, 50,68-71,112 犹太人

Job, 50, 51 约伯

John the Deacon, 79 n. 1 教堂执事约翰

Jordan, Winthrop D., 90 n. 1 约尔丹，温斯洛普 .D.

Justinian, Emperor, 118 查士丁尼大帝

Kelley, Donald R., 39 n. 1,40 n. 2 凯利，唐纳德 .R.

Kendrick, T. D., 124 n. 2 肯德里克，T.D.

Kennedy, John F., 5 3 肯尼迪，约翰 .F.

Kliger, Samuel, 89 n. 1 克里格，萨缪尔

Klyuchevsky, V. O., 41 n. 2 克留切夫斯基，V.O.

Knowles, David, 124 n. 1,131 n. 1 诺尔斯，大卫

Kramnick, Isaac, 49 n. 1 克拉姆尼克，艾萨克

Krushchev, Nikita, 104 赫鲁晓夫，尼基塔

Lagash,36,38 拉格什

Lancelot, Sir, 50, 51 兰斯洛特

Laodicea, Council of, 74 n. 1 老底嘉大公会议

Latin, 56, 57,115 拉丁语

Lea,H.C.,79n. 1 李，H.C.

Leavis, F.R.,49n. 1 利维斯，F.R.

Leeds, 56 利兹

Lenin, V. I., 64,144 列宁，V.I.

Levin, David, 89 n. 2 列文，大卫

Lewis, Bernard,114n. 1 刘易斯，伯纳德

Leyser, K., 30 n. 2 莱塞尔，K.

Liu Chih Chi, 110n. 1 刘知幾

Livy, 20, 22, 23, 38, 56, 75n. 1,80, 82, 82n. 1, 114n. 1, 117,117n. 1,118,126,131 李维

Lloyd-Jones, Hugh, 39,39 n. 1 劳埃德-琼斯，休

Locke, John, 67 洛克，约翰

Longfellow, Henry Wadsworth,90 n. 1 朗费罗，亨利·瓦兹沃思

Louis XIV, king of France,33 n. 1 路易十四，法国国王

Lud,Ned, 31, 53,125 卢德，奈德

Luther, Martin, 119 路德，马丁

Lynd, Robert, 105 n. 1 林德，罗伯特

Mabillon, J., 125 马比荣，J

Macaulay, T. B., Lord, 38,41 n. 2,42,96,96 n. 1 T.B. 麦考莱勋爵

Machiavelli, Nicolò, 82, 82 n. 1,117, 117n. 1 and 2 马基雅维利，尼科洛

Maclagen, Michael, 32 n. 1,33 n. 1 玛克拉根，迈克尔

McMaster, John B., 49 n. 1 马克马斯特，约翰 .B.

McNeill, William H., 136n. 1 麦克尼尔，威廉 .H.

McT. Kahin, G., 114n.1 麦科特卡恩 ,G.

Malory, Sir Thomas, 51, 53 托马斯·马洛礼爵士

Manchester, 56 曼彻斯特

Marduck, 37 马都克

Marx, Karl, 64,98,143 马克思，卡尔

Masons, 67 共济会

Maurists, 124,131 莫尔派

Mazzeo, J. A., 116n. 1 马齐奥，J.A.

Medicis, family of, 128 美第奇家族

Memphite Priests, 29 孟菲斯祭司

Mesopotamia, 40,63 美索不达米亚

Messiah, 69,71 弥赛亚

Meyerhoff, Hans, 103 n. 1 迈耶霍夫，汉斯

Michelet, Jules, 41 n. 2,43,143 米什莱，儒勒

Mogul, 28 蒙古

Momigliano, A., 20 n. 1, 40 n. 1, 70n.1, 70n.2,74n.1,75n.1,82n. 1,113, 114n. 1, 123n. 1 莫米利亚诺，A.

Montesquieu, Baron Louis de,126 路易·德·孟德斯鸠男爵

Moore, Barrington, Jr, 106 n. 1 小巴林顿·摩尔

Mormons, 34n.2 摩门教

Moses, 69,75 摩西

Motley, J. L., 89,89 n. 2 莫特利，J.L.

Napoleon I, 52, 52 n. 2 拿破仑一世

Needham, J., 64 n. 1 李约瑟

New England, 48,49, 83,91 新英格兰

New Testament, 76 新约

New York Public Library, 34 纽约公共图书馆

Newton, Sir Isaac, 66 艾萨克·牛顿爵士

Nidoba, 38 尼多巴

Nile, 29,64 尼罗河

Njal, Burnt, 24,25 被焚的尼雅尔

Normans, 33 n. 1 诺曼人

Norsemen, 24 古斯堪的纳维亚人

Obermann, Julian, 114n. 1 奥伯曼，朱利安

Odysseus, 24, 51 奥德修斯

Oedipus, 25 俄狄浦斯

Old Testament, 76, 84 n. 2,122, 旧约

Orosius, 75 n. 1,92 奥洛西乌斯

Osiris, 27 n. 1 奥西利斯

Otto of Freising, 13 弗莱辛的奥托

Padua, 121 帕多瓦

Page, W., 33 n. 1 帕吉，W.

Palermo Stone, 29 巴勒莫石碑

Panofsky, Erwin, 118 n. 1 潘诺夫斯基，埃尔文

Pares, Richard, 134 n. 1 帕里斯，理查德

Parker, Matthew, archbishop of Canterbury, 124 帕克，马太，坎特伯雷大主教

Parkman, Francis, 49 n. 1,89 帕克曼，弗朗西斯

Parliament, 86 议会

Paul, St, 72 圣保罗

Pavia, 119,121 帕维亚

Pepin, king of the Franks, 79 法兰克人的国王丕平

Persia, 139 波斯

Peter, St, 79 圣彼得

Petrarch, F., 116n. 1 彼特拉克，F.

Pharaohs, the, 29,31 法老

Philosophes, Les, 94,126,133 法国哲学家群体

Picasso, Pablo, 15 毕加索

Pilgrim Fathers, 34 首批清教徒

Plato, 30, 56,74 柏拉图

Plumb, J.H., 34n. 1, 54n.1, 96n. 1, 118n. 1,137 n.1 普勒姆，J.H.

Plutarch, 49,121 普鲁塔克

Pocock, J.G. A., 41 n. 1,124n. 2 波科克，J.G.A.

Poland, 103 波兰

Popelinière, H. L. V. Seigneur de La, 83 波佩利尼艾尔，H.L.V.

Popham, family of, 33 波帕姆家族

Prescott, W.H., 89 普利斯科特，W.H.

Priam, 33n. 1 普里阿摩斯

Price, D. J. de Solla, 64 n. 1 普莱斯，D. J. 德·索拉

Prometheus, 25 普罗米修斯

Pulleyblank, E.G., 22n.1,l10n. 1 帕莱布兰科，E.G.

Putnam, Peter, 108 n. 1 普特南，彼得

Pym, John, 52n.2 皮姆，约翰

Raleigh, Sir Walter, 85,127,128 沃尔特·雷利爵士

Ranke, Leopold von, 41 n. 2, 131, 132, 135 兰克，列奥波德·冯

Rehder, Helmut, 66 n. 1 伦德尔，赫尔穆特

Resink, G. J., 114n.1 莱辛克，G.J.

Revelation, Book of, 68 n. 1 启示录

Ridolfi,R., 117n.2 里多尔菲，R.

Robinson, G. W., 39 n. 1 罗宾逊，G.W.

Romans, 33 n. 1,71,118 罗马人

Rome, 22, 54, 74, 83, 92, 114, 116, 118, 128, 131, 139 罗马

Roosevelt, Franklin D., 53 罗斯福，富兰克林.D.

Rosenthal, Franz, 114n. 1 罗森塔尔，弗伦茨

Rosetta Stone, 131 罗塞塔石碑

Round, J.H., 33 n. 1 朗德，J.H.

Royal Society, the, 66 皇家学会

Russia, 104 俄国

Saite (663-525 B.C.), 29 n. 2 舍易斯王朝

Salt Lake City, 34 n. 2 盐湖城

Sarpi, Paolo, 83,126 萨尔皮，保罗

Saveth, Edward, 49 n. 1 萨维斯，爱德华

Saxons, 24,33 n. 1 撒克逊人

Schafer, Edward H., 111 n. 2 沙费尔，爱德华·H.

Schouler, James, 49 n. 1 舒勒，詹姆斯

Scotland, 49 苏格兰

Scott, Sir Walter, 91 瓦尔特·司各特爵士

Seattle, 133 西雅图

Selden, John, 83 塞尔登，约翰

Sethy I, Pharaoh, 33 塞斯一世，法老

Shaftesbury, Anthony Ashley Cooper, 1st Earl of, 67,67 n. 1 沙夫茨伯里，安东尼·阿什利·库珀伯爵一世

Shen-Tsung, Emperor of China,23 n. 1 宋神宗

Sidney, Algernon, 52 n. 2 西德尼，阿尔杰农

Sienna, 133 锡耶纳

Soedjatmoko, 114n. 1 索加摩柯

Sophocles, 25 索福克勒斯

Spain, 115 西班牙

Speiser, E. A., 37 n. 1 斯佩塞，E.A.

Spengler, Oswald, 136 斯宾格勒，奥斯瓦尔德

Squibb,G.D.,32n. 1 斯奎布，G.D.

Ssu-Ma-Chi'en, 20-21, 22 n. 1,23 n. 1 司

马迁

Ssu-Ma-Kuang, 20, 23 n. 1,l10n. 1 司马光

Ssu-Ma Tan, 20 司马谈

Stalin, Josef, 104,139 斯大林，约瑟夫

Stephen II, Pope, 79 教皇斯蒂芬二世

Stern, Fritz, 103 n. 1,132 n. 1 斯特恩，弗里茨

Stoics, 74 斯多噶派

Stone, Lawrence, 32 n. 2 斯通，劳伦斯

Stowe, 32 斯托

Stubbs, William, bishop of Oxford, 38,41n. 2 斯塔布斯，威廉，牛津主教

Sumer, 26, 30, 51 苏美尔

Sumerians, 36 办美尔人

Swedenborgians, 67 斯威登堡教派

Switzerland, 128 n. 1 瑞士

Tacitus, 20, 22-23, 38, 39,75 n. 1,82, 82n.1,117n.1,131 塔西佗

T'ang Dynasty, 13,109,111 n. 2 唐朝

T'ao Chi'en,47n. 1 陶潜

Taylor, G. Rattray, 79 n. 1 泰勒，G. 拉特雷

Tennyson, Alfred, Lord, 53 丁尼生，阿尔弗雷德勋爵

Tertullian, 76 德尔图良

Thiers, Adolphe, 41n.2 梯也尔，阿多尔菲

Thucydides, 20, 20 n. 1, 23, 75n. 1, 80, 82, 82n. 1, 114n. 1,117,117n1,131 修昔底德

Toynbee, Arnold, 136 汤因比，阿诺德

Trevelyan, G. M., 138 n. 1 特里维廉，G.M.

Trevor-Roper, H. R., 64n.1 特利弗-罗珀，H.R.

Trojans, 33,33 n. 1 特洛伊人

Turner, Frederick Jackson, 41 n. 2 特纳，弗里德里克.杰克逊

Turner, Nat, 90n.1 特纳，内特

Twain, Mark, 90 n. 1 吐温，马克

Uccello, Paolo, 118 n. 1 乌塞罗，保罗

Ullmann, Walter, 79 n. 1 乌尔曼，沃尔特

Ur, 36 乌尔

Ussher, Archbishop, 95 厄谢尔，大主教

Valla, Lorenzo, 79 n. 1,119 瓦拉，洛伦佐

Vico, Giambattista, 126 维科，吉亚姆

巴蒂斯塔

Vietnam, 43, 111 越南

Vikings, 24 维京人

Virgil, 56 维吉尔

Voegeli, V. J., 90n.1 沃格利，V.J.

Voltaire, Francois-Marie Arouet de, 126,129,140 伏尔泰，富朗索瓦-马利·阿鲁埃·德

Wagner, Sir Anthony, 33 n. 1 安东尼·瓦格纳爵士

Waley, Sir Arthur, 47 n. 1 阿瑟·沃雷爵士

Wallace-Hadrill, D. S., 75 n. 1 华莱士-哈德里尔，D.S.

Walpole, Sir Robert, 52n.1 罗伯特·沃尔波爵士

Walter, Earl of Essex, 32 沃尔特，埃塞克斯伯爵

Wang Ling, 64 n. 1 王铃

Wanley, Humphrey, 124 温利，汉弗雷

Washington, George, 52 华盛顿，乔治

Watson, Burton, 22 n. 1,63 n. 1 华生，博尔顿

Watt, D.C, 19 n. 1 瓦特，D.C.

Wei Wen-ti, 47n.1 魏文帝

Wells, H.G., 136 威尔斯，H.G.

William, St, of Norwich, 50 诺维奇的圣威廉

Winthrop, family of, 34 温斯罗普家族

Wittenberg, 119 威登堡

Wolfe, General James, 85 詹姆斯·沃尔夫将军

Wolff, Kurt H., 106 n. 1 沃尔夫，库尔特.H.

Wright, Arthur F., 110n. 1,111n.1 怀特，阿瑟

Xenophon, 56 色诺芬

Yahweh, 70 耶和华

Yale, University of, 55 耶鲁大学

Yucatan, 64 尤卡坦

Zinn, Howard, 106 n. 1 津恩，霍华德

图书在版编目（CIP）数据

过去之死 /（英）J.H.普勒姆（J. H. Plumb）著；林国荣译. --北京：华夏出版社有限公司，2020.5
书名原文：The Death Of The Past
ISBN 978-7-5080-9811-1

Ⅰ. ①过… Ⅱ. ①J… ②林… Ⅲ. ①史学理论 Ⅳ. ①K0
中国版本图书馆 CIP 数据核字（2019）第 154848 号

The Death of The Past / by J.H.Plumb / ISBN:978-1-4039-0698-4
Copyright © 2004 by PALGRAVE MACMILLAN
First published in English by Palgrave Macmillan, a division of Macmillan Publishers Limited under the title The Death of the Past by J.H.Plumb, Niall Ferguson and Simon Schama. This edition has been translated and published under licence from Palgrave Macmillan. The authors have asserted their right to be identified as the author of this Work.

版权所有 翻印必究
北京市版权局著作权合同登记号：图字 01-2015-2901 号

过去之死

作　　者	[英] J.H.普勒姆
译　　者	林国荣
责任编辑	罗　庆　杜潇伟
出版发行	华夏出版社有限公司
经　　销	新华书店
印　　装	三河市万龙印装有限公司
版　　次	2020 年 5 月北京第 1 版 2020 年 5 月北京第 1 次印刷
开　　本	880×1230　1/32 开
印　　张	5.875
字　　数	183 千字
定　　价	49.00 元

华夏出版社有限公司　地址：北京市东直门外香河园北里 4 号
邮编：100028　网址：www.hxph.com.cn
电话：（010）64663331（转）
若发现本版图书有印装质量问题，请与我社营销中心联系调换。